lina bo bardi sesc fábrica da pompeia factory
são paulo, brasil
1977 • 1986

marcelo carvalho ferraz (org.)

textos/texts: **lina bo bardi • marcelo carvalho ferraz • cecília rodrigues dos santos**

edições sesc

SERVIÇO SOCIAL DO COMÉRCIO
Administração Regional no Estado de São Paulo

Presidente do Conselho Regional
Abram Szajman
Diretor Regional
Luiz Deoclecio Massaro Galina

Conselho Editorial
Carla Bertucci Barbieri
Jackson Andrade de Matos
Marta Raquel Colabone
Ricardo Gentil
Rosana Paulo da Cunha

Edições Sesc São Paulo
Gerente Iã Paulo Ribeiro
Gerente adjunto Francis Manzoni
Editorial Clívia Ramiro
Assistentes: Ana Cristina Pinho, Bruno Salerno Rodrigues,
Antonio Carlos Vilela, Cláudia da Costa Melo, Vanessa Paulino da Silva
Produção gráfica Fabio Pinotti
Assistente: Ricardo Kawazu

a fábrica da pompeia
lina bo bardi

Entrando pela primeira vez na então abandonada Fábrica de Tambores da Pompeia, em 1976, o que me despertou curiosidade, em vista de uma eventual recuperação para transformar o local em centro de lazer, foram os galpões distribuídos racionalmente conforme os projetos ingleses do começo da industrialização europeia, em meados do século XIX.

Todavia, o que me encantou foi a elegante e precursora estrutura de concreto. Lembrando cordialmente o pioneiro [François] Hennebique, pensei logo no dever de conservar a obra.

Foi assim o primeiro encontro com aquela arquitetura que me causou tantas histórias, sendo consequência natural ter sido um trabalho apaixonante.

Na segunda vez em que lá estive, num sábado, o ambiente era outro: não mais a elegante e solitária estrutura hennebiquiana, mas um público alegre de crianças, mães, pais e anciãos passava de um pavilhão a outro. Crianças corriam, jovens jogavam futebol debaixo da chuva que caía dos telhados rachados, rindo com os chutes da bola na água. As mães preparavam churrasquinhos e sanduíches na entrada da rua Clélia; um teatrinho de bonecos funcionava perto da mesma, cheio de crianças. Pensei: isso tudo deve continuar assim, com toda essa alegria.

Voltei muitas vezes, aos sábados e aos domingos, até fixar claramente aquelas alegres cenas populares.

É aqui que começa a história da realização do Sesc Fábrica da Pompeia. Existem "belas almas" e almas menos belas. Em geral, as primeiras realizam

sesc pompeia factory
lina bo bardi

The first time I went to the abandoned Pompeia Drum Factory, in 1976, in view of the possibility of its recovery and transformation into a leisure center, I was immediately struck by the warehouses, rationally divided, in line with the mid-19th century English projects of the beginning of European industrialization.

However, I was captivated by the elegant and early concrete structure which made me recall with fondness Hennebique, a pioneer in construction methods, and I immediately thought that this architectural work had to be conserved.

That was my first encounter with this building which led to so many stories, having as a natural consequence a labor of love. I returned a second time on a Saturday. It was a different atmosphere: no longer the elegant and solitary *Hennebiquean* structure, but a happy crowd of people, children, mothers, fathers, elderly family members going from one pavilion to the next. Children running, young people playing soccer in the rain which fell from the broken tiles, laughed as they kicked the ball into the water. Mothers were preparing barbeques and sandwiches by the Clélia Street entrance. There was also a puppet show, full of children. I thought that this place needed to remain just as it was, full of happiness.

I returned many times, on Saturdays and Sundays, until I had managed to clearly capture in my mind's eye those joyful public scenes.

That's how the history of the Sesc Pompeia

pouco, as outras realizam mais. É o caso do Masp. Existem sociedades abertas e sociedades fechadas; a América é uma sociedade aberta, com prados floridos e o vento que limpa e ajuda.

Assim, numa cidade entulhada e ofendida, pode, de repente, surgir uma lasca de luz, um sopro de vento. E aí está, hoje, a Fábrica da Pompeia, com seus milhares de frequentadores, as filas na choperia, o "Solarium-Índio" do *deck*, o bloco esportivo, a alegria da fábrica destelhada que continua: pequena alegria numa triste cidade.

Ninguém transformou nada. Encontramos uma fábrica com uma estrutura belíssima, arquitetonicamente importante, original, ninguém mexeu... O desenho de arquitetura do Centro de Lazer Sesc Fábrica da Pompeia partiu do desejo de construir uma outra realidade.

Nós colocamos apenas algumas coisinhas: um pouco de água, uma lareira.

A ideia inicial de recuperação do dito conjunto foi a de "arquitetura pobre", isto é, não no sentido de indigência, mas no sentido artesanal que exprime comunicação e dignidade máximas através dos menores e humildes meios.

Depois de cinicamente julgar esgotados o conteúdo e as possibilidades humanas do movimento moderno na arquitetura, aparece na Europa um lançamento: o pós-modernismo, que pode ser definido como a *retromania*, o complexo de impotência frente à impossibilidade de sair de um dos mais estarrecedores esforços humanos no Ocidente.

A vanguarda nas artes vive comendo os restos daquele grande capital.

Factory project begins. There are "beautiful souls" and others less so. Usually, the former leave very few marks, the latter leave more. This is the case of Masp. Some societies are open, others are closed: The Americas are an open society, with meadows full of flowers and a clean and helpful breeze.

Suddenly, in a crammed up and aggrieved city a sliver of light filters through, a gush of fresh air blows. So today, here it is, the Pompeia Factory with its thousands of visitors, lines for its beer-house, the "Indian-solarium" deck, the sports block. The happiness I found in the roofless factory remains: a small glimmer of happiness in a sad city.

No one transformed anything. We found a factory with a beautiful and architecturally significant, original structure. No one touched it... The architectural design of the Sesc Pompeia Factory Leisure Center arose out of the wish to build a new reality.

We added a few small things: a little water, a fire-place. The original concept for recovering the complex was "poor architecture", poor not in the sense of poverty, but in the artisanal sense, expressing as much communication and dignity as possible through the smallest and simplest means.

After cynically believing that the content and human possibilities of modern architecture were over, a new movement is launched in Europe: postmodernism, which can be defined as *retromania*, the impotence complex in face of the impossibility of moving away from one of the most astonishing human experiments in the West.

The artistic avant-garde lives by feeding on the remains of the huge capital.

A nova palavra de ordem é "chupar ao máximo os princípios da documentação histórica reduzidos a consumo". A *retromania* impera, na Europa e nos Estados Unidos, absolvendo criticamente os penetras da arquitetura, que, desde o começo da industrialização, gratificam as classes mais abastadas com as reciclagens espirituais do passado. Cornijas, portais, frontões, trifórios e bífores, arcos romanos, góticos e árabes, colunas e cúpulas grandes e pequenas nunca deixaram de acompanhar, num coro baixinho, discreto e sinistro, a marcha corajosa do movimento moderno brutalmente interrompida pela Segunda Guerra Mundial.

É história velha. Estão voltando os arcos e as colunas do nazifascismo, a história tomada como monumento e não como documento. (Michel Foucault: *"l'Histoire, c'est ce qui transforme les documents en monuments"*. É justamente o contrário: a história é aquilo que transforma os monumentos em documentos. Claro que monumento não se refere somente a uma obra de arquitetura, mas também às "ações coletivas" de grandes arranques sociais.)

Conclusão: estamos ainda sob o céu cinzento do pós-guerra. *"Tout est permis, Dieu n'existe pas."*[1] Mas o que existiu de verdade foi a guerra, que ainda continua, como continuam as grandes resistências.

Tudo isso pode ser julgado uma premissa exagerada para a apresentação de uma simples cadeira de teatro-auditório, mas esta nota antecipada sobre os equívocos europeus do pós-modernismo (o movimento, nascido nos Estados Unidos, adquiriu importância internacional na Bienal de Veneza de 1980; reacionário e antiatual, confunde o verdadeiro

The new tendency is "to suck as much as possible out of the principles of historical records which have been reduced to consumption". *Retromania* reigns in Europe and the United States, critically absolving architecture's "intruders", who have always gratified the wealthier classes with spiritual recycled forms from the past: eaves, portals, pediments, trifore and bifore, Roman, Gothic and Arabic arches, columns, and large and small domes. They form part of a whispered, discrete and sinister chorus which has always followed the courageous march of the modern movement, abruptly interrupted by the Second World War.

This is an old story, the arches and columns of nazi-fascism are coming back, a history which returns as monuments and not as documents (Michel Foucault: *"l'Histoire, c'est ce qui transforme les documents en monuments"*. Actually it is the opposite: history transforms monuments into documents. In fact, monuments not only refer to architectural works, but to the "collective actions" of significant social movements).

Conclusion: we are still living under the grey skies of the post-war period: *Tout est permis, Dieu n'existe pas*[1]. But the war was real, and it still goes on, as do the great struggles.

Some may think that, as an introduction to a simple theater-auditorium seat, this is over-the-top. However, in this anticipatory note on the European errors of postmodernism (a movement which emerged in the United States and gained international prominence in the 1980 Venice Biennale, reactionary and anti-contemporary, confusing

sentido da história, com os duvidosos retornos ao historicismo) é a esperança de que o Brasil não enverede mais uma vez no mesmo caminho de sociedades culturalmente falimentares.

Por quanto se refere à dita cadeirinha, toda de madeira e sem estofado, é de observar: os autos da Idade Média eram apresentados nas praças, o público de pé e andando. Os teatros greco-romanos não tinham estofados, eram de pedra, ao ar livre, e os espectadores tomavam chuva, como hoje nos degraus dos estádios de futebol, que também não têm estofados. Os estofados apareceram nos teatros áulicos das cortes, nos Setecentos, e continuam até hoje no *comfort* da sociedade de consumo.

A cadeirinha de madeira do Teatro da Pompeia é apenas uma tentativa de devolver ao teatro seu atributo de "distanciar e envolver", e não apenas de sentar-se.

Uma galeria subterrânea de "águas pluviais" (na realidade, o famoso córrego Água Preta), que ocupa o fundo da área da Fábrica da Pompeia, transformou a quase totalidade do terreno destinado à zona esportiva em área *non aedificandi*. Restaram dois "pedaços" de terreno livre, um à esquerda, outro à direita, perto da "torre-chaminé-caixa-d'água" – tudo meio complicado.

Mas, como disse o grande arquiteto norte-americano Frank Lloyd Wright, "as dificuldades são nossos melhores amigos".

Reduzida a dois pedacinhos de terra, pensei na maravilhosa arquitetura dos "fortes" militares brasileiros, perdidos perto do mar, ou escondidos em todo o país, nas cidades, nas florestas, no desterro dos desertos e sertões. Surgiram, assim, os dois

the true meaning of history with a dubious return to historicism) is the hope that Brazil will not follow in the footsteps of these culturally bankrupt societies.

As for the chair, all in wood and without upholstering, it is important to note: in the Middle Ages plays were staged in squares, in front of a standing, walking public. The Greco-Roman theaters were similarly without upholstering, they were made of stone, in the open air, where people felt the rain, as is the case in soccer stadiums, which are also not upholstered. Upholstering was introduced to the courtly theaters of the 18th century and has continued to provide comfort to the consumer society.

The little wooden seats of the Pompeia theater is an attempt to give back to theaters their "distancing and involving" nature; they are not just there to be sat on.

An underground "rainwater" gallery (in fact the well-known Água Preta Stream), which lies at the far end of the Pompeia Factory, turned almost all of the land earmarked to become a sports center into a *non-aedificandi* area. Two "pieces" remained, one on the left, the other on the right, near the "tower-chimney-water tank". It was all rather complicated. However, as the great American architect Frank Lloyd Wright said, "an artist's limitations are his best friends".

Reduced to two pieces of land, I thought about the wonderful architecture of the Brazilian military "fortresses", lost near the sea or hidden in various parts of the country, in cities, forests or banished to the deserts and hinterlands. The two "blocks" thus emerged: one containing the sports courts and

"blocos", o das quadras e piscinas e o dos vestiários. No meio, a área *non aedificandi*. E... como juntar os dois "blocos"? Só havia uma forma: a solução "aérea", onde os dois "blocos" se abraçam através de passarelas de concreto protendido.

Tenho pelo ar-condicionado o mesmo horror que tenho pelos carpetes. Assim, surgiram os "buracos" pré-históricos das cavernas, sem vidros, sem nada. Os "buracos" permitem uma ventilação cruzada permanente.

Chamei o todo de "Cidadela", expressão brasileira para a área do "gol", perfeita para um conjunto esportivo.

Na área *non aedificandi*, pensei num grande deque de madeira. Ele corre de um lado ao outro do "terreno proibido", em todo seu comprimento; à direita, uma "cachoeira", uma espécie de chuveiro coletivo ao ar livre.

Meu grande amigo Eduardo Subirats, filósofo e poeta, diz que o conjunto da Pompeia tem um poderoso teor expressionista.

É verdade, e isso vem de minha formação europeia. Mas nunca esqueço o surrealismo do povo brasileiro, suas invenções, seu prazer em ficar todos juntos, para dançar, cantar. Assim, dediquei meu trabalho da Pompeia aos jovens, às crianças, à terceira idade: todos juntos.

Tudo aquilo que os países ocidentais altamente desenvolvidos – incluímos nesses países também os Estados Unidos – procuraram e procuram, o Brasil já o detém, é mínima parte de sua cultura.

Somente que o detentor desta total liberdade do corpo, desta desinstitucionalização, é o povo, esse é o modo de ser do povo brasileiro, ao passo que,

swimming pools, and the other, the locker rooms, and in the middle, the *non-aedificandi* area. But how were these two "blocks" to be joined? There was only one solution: the "aerial" solution, where the two "blocks" embraced one another through prestressed concrete walkways.

I abhor air-conditioning as much as I abhor wall-to-wall carpets. That is how the prehistoric cave "holes" emerged: no glass or anything else. The holes provide permanent cross-ventilation.

I called the entire project "Citadel", a Brazilian expression for the goal area, perfect for a sports complex.

I conceived a large wooden deck for the *non-aedificandi* area which runs along the whole length of the "forbidden land". On the right, there is a "waterfall", a kind of collective outdoor shower.

My good friend, the poet and philosopher Eduardo Subirats, says that the Pompeia complex is powerfully expressionist in its content. This is true, and it is the result of my European training. But the surrealism of the Brazilian people is never out of my mind, their inventions, their pleasure in getting everyone together, and dancing and singing. So I devoted my work at Pompeia to young people, to children and to the elderly: everyone together.

Everything that the highly developed Western countries – including the United States – have been seeking for a long time, Brazil already has and it is but a small part of its culture.

However, the holders of this total freedom of the body, of this de-institutionalization, are the people. This is the way the Brazilian people are, whereas

nos países ocidentais altamente desenvolvidos, é a classe média (incluindo nesta classe um certo tipo de intelectual) que procura angustiosamente a saída de um mundo hipócrita e castrado, cujas liberdades eles mesmos destruíram há séculos.

A importação, para o Brasil, desse sentimento de procura estéril e angustiada é um delito que pode levar à castração total.

Nas grandes civilizações do Extremo Oriente, como o Japão e a China, a postura cultural do corpo (corpo como "mente") e o exercício físico coexistem. No Brasil, coexistem também, só não existem na classe média, e o verdadeiro problema é uma ação para o autoconhecimento de baixo para cima, e não de cima para baixo.

A respeito do Centro Físico e Esportivo da Pompeia dedicado especialmente aos jovens das padarias, açougues, quitandas, supermercados, lojas e lojinhas que o frequentavam antigamente, como eu os vi em 1976 e 1977, e que hoje se sentem defraudados. Para homens e mulheres, o domínio físico tem limites de idade. Para as crianças também, que poderão ocupar o espaço desde o começo definido como "Palestra", no "Estudo Espaço NOBRE", no sentido latim da palavra, espaço também dedicado a festas, reuniões e dança. Os espaços de um projeto de arquitetura condicionam o homem, não sendo verdadeiro o contrário, e um grave erro nas determinações e uso desses espaços pode levar à falência toda uma estrutura.

O enorme sucesso desta primeira experiência na Fábrica da Pompeia denuncia claramente a validade do "projeto arquitetônico" inicial.

[1] Tudo é permitido, Deus não existe. [N.E.]

in the highly developed Western countries, it is the middle-classes (including a certain intellectual class) who feel anguished and search for a way out of a hypocritical, castrated world, a world in which they themselves destroyed freedom, centuries ago. For this reason importing this feeling of a sterile and anguished search is a crime that can lead to total castration.

In the great Far Eastern civilizations such as Japan and China, a cultural stance of the body (body as "mind") and physical exercise coexist. In Brazil, they also coexist, but not in the middle-classes. The real issue is a bottom-up movement of self-recognition and not one that is top-down.

As regards the Pompeia Sports Center, physical, specially dedicated to the young people from the bakeries, butchers, fruit and vegetable shops, supermarkets and small stores, as I saw them in 1976 and 1977 and who today feel cheated. Physical control is also for men and for women with no age restrictions and it is for the children, who can use the space which has always been known as "Palestra" in the "Estudo Espaço NOBRE", as in the Latin meaning of the word, a space reserved for parties, meetings and dancing. The spaces that architecture plans condition mankind. The reverse, however, is not true and a serious error in the design and use of these spaces can lead to the failure of an entire structure.

The enormous success of the first experience of the Pompeia Factory clearly denotes the validity of its initial "architectural design".

[1] Everything is allowed, God does not exist. [F.N.]

SESC-POMPÉIA

TOTEM SINALIZADOR

- ATELIERS
- ATIVIDADES GERAIS
- VIDEOS
- PROIBIDA ENTRADA DE CARROS
- EXPOSIÇÃO — RESTAURANTE

L.B. Bardi
S.P. '81

S.P. 1977

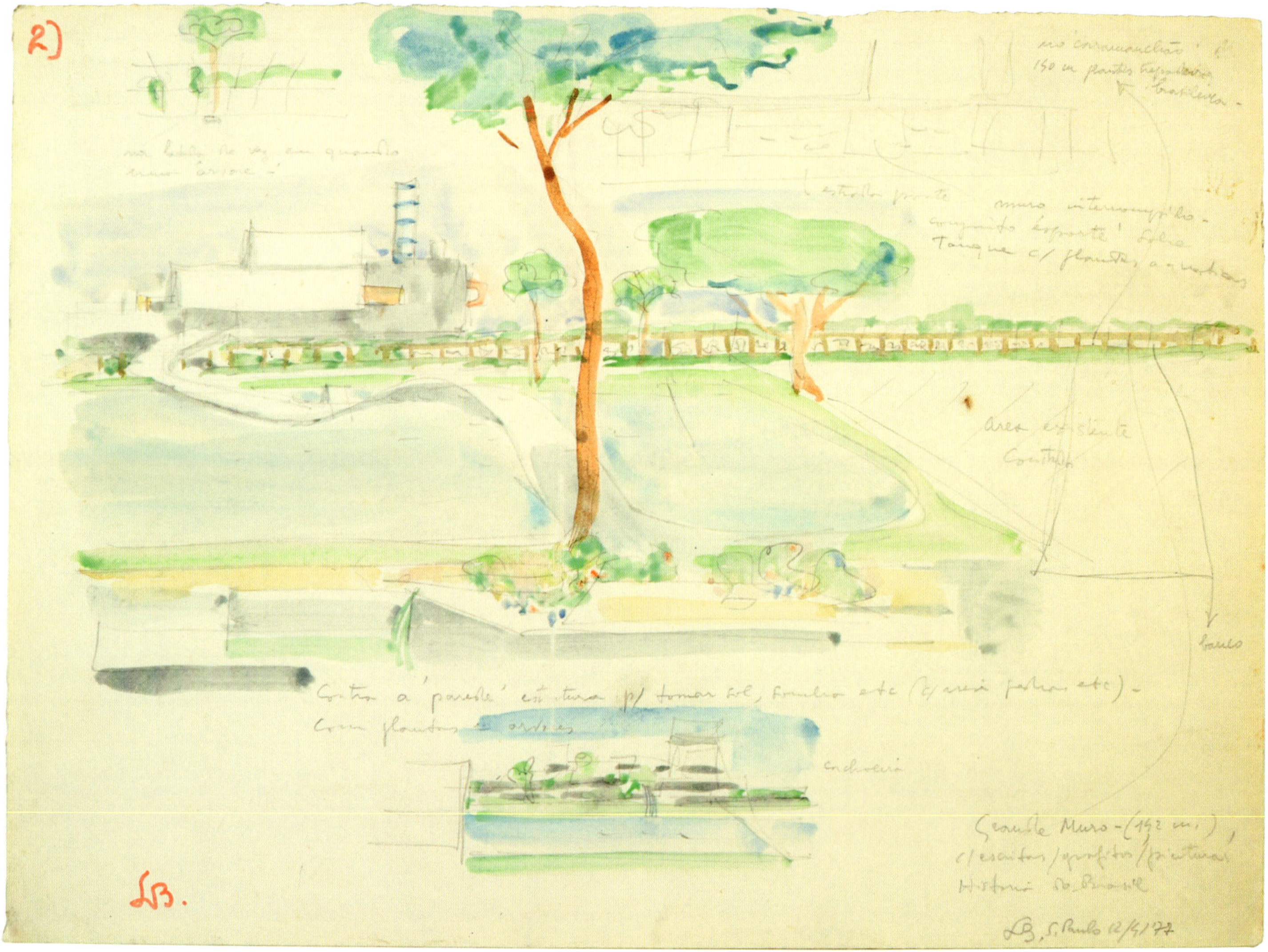

3)

Velhas estrutura concreto
pintadas col branco
tebros / col branco.
estrutura telhado / madeira natural.
corrimãos ferro; zarcão.

estruturas: Concreto aparente
pisos elevados: madeira encerada
piso baixo / concreto ou borracha
preta.

dB.

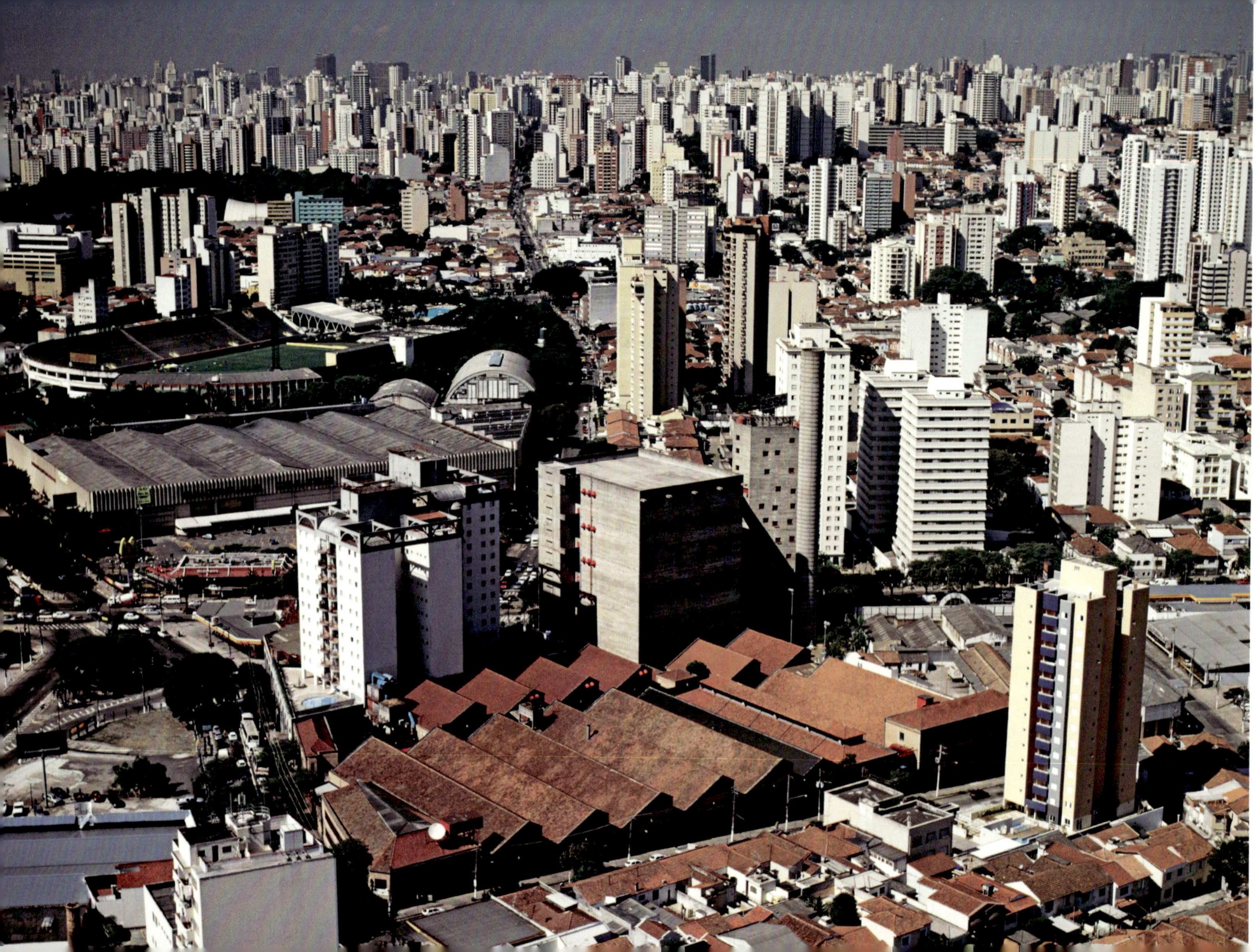

15

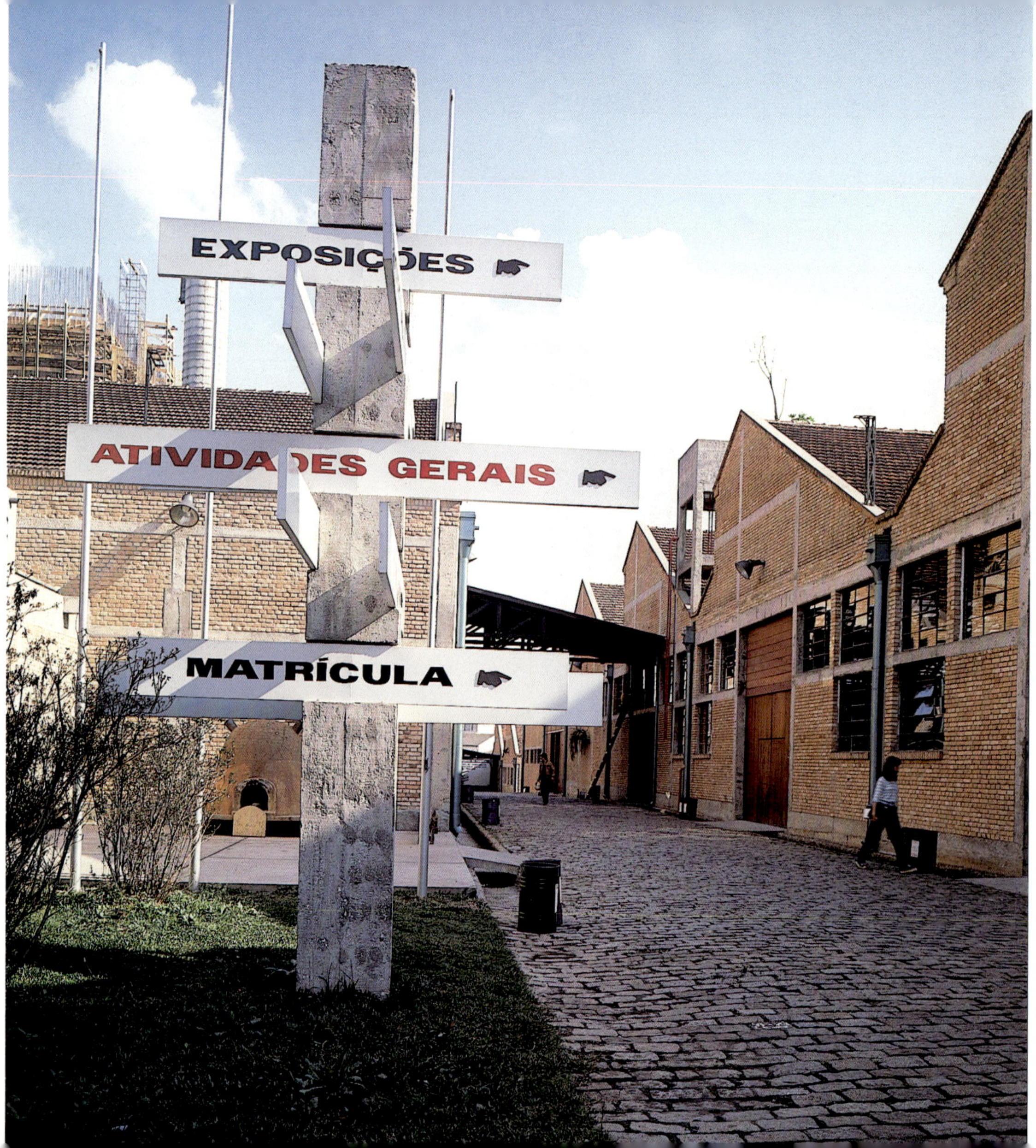
EXPOSIÇÕES
ATIVIDADES GERAIS
MATRÍCULA

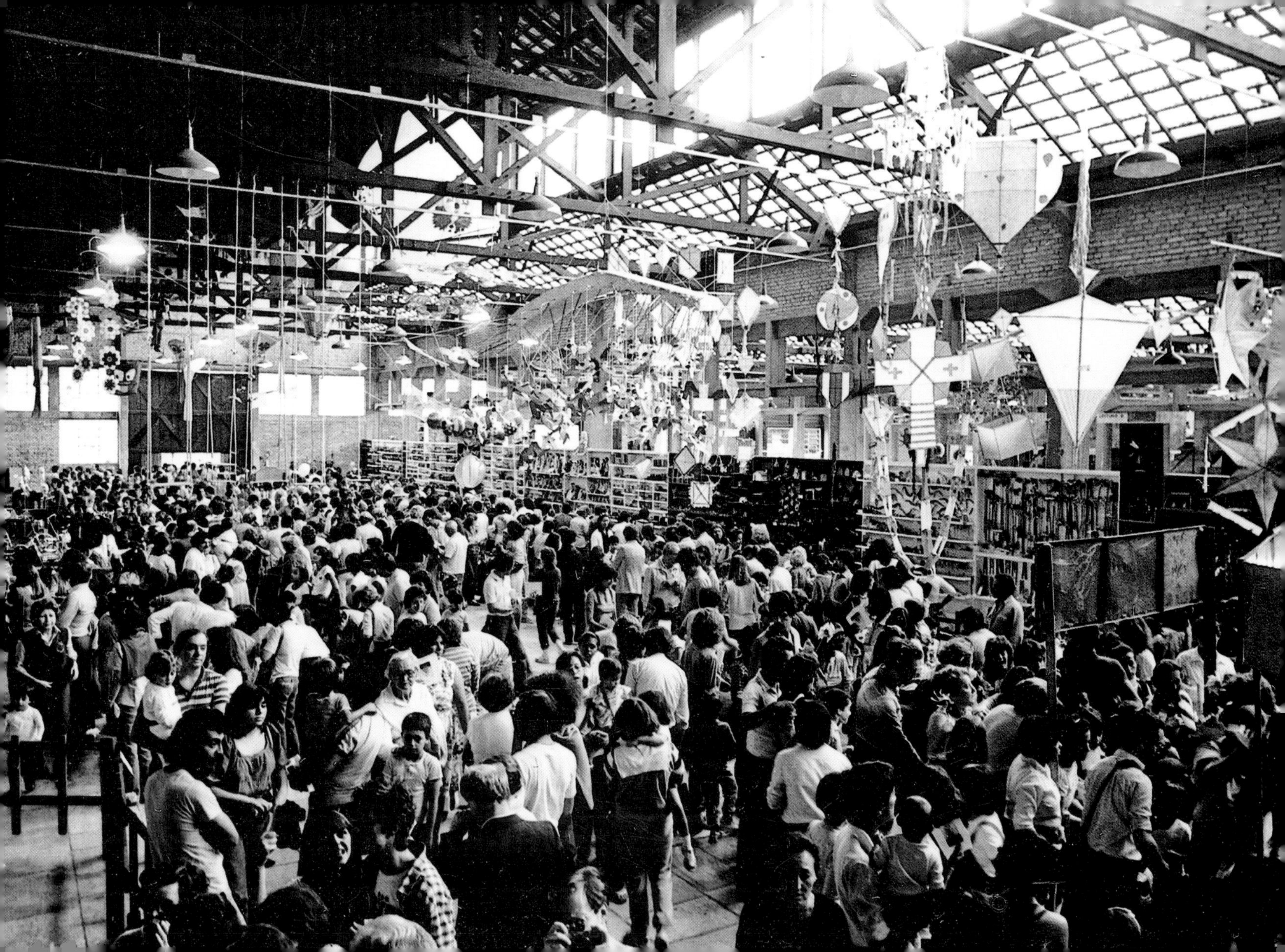

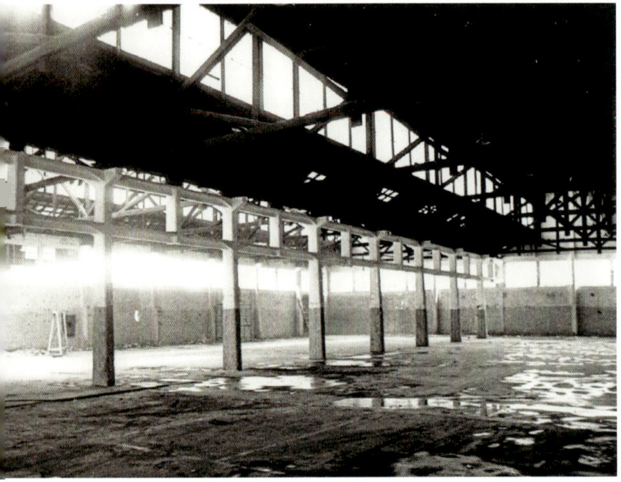

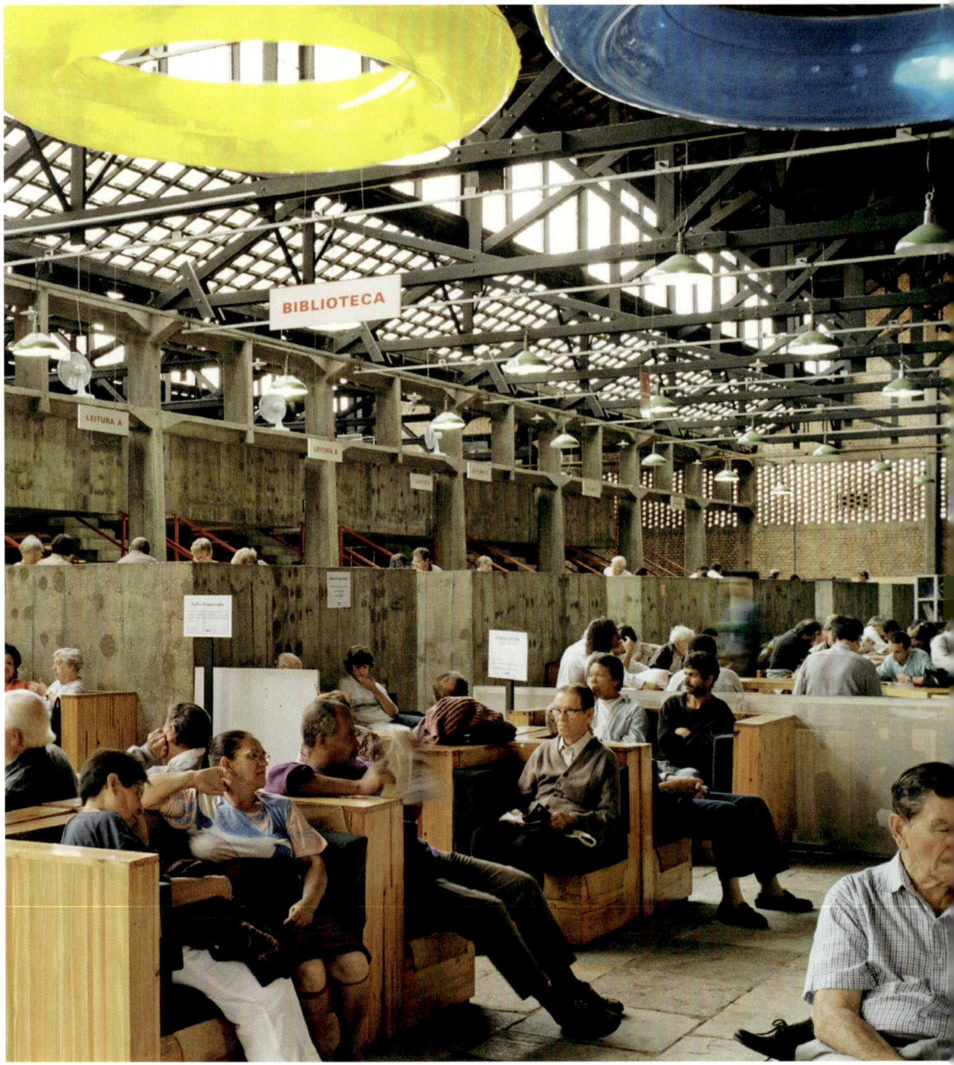
BIBLIOTECA
LEITURA A

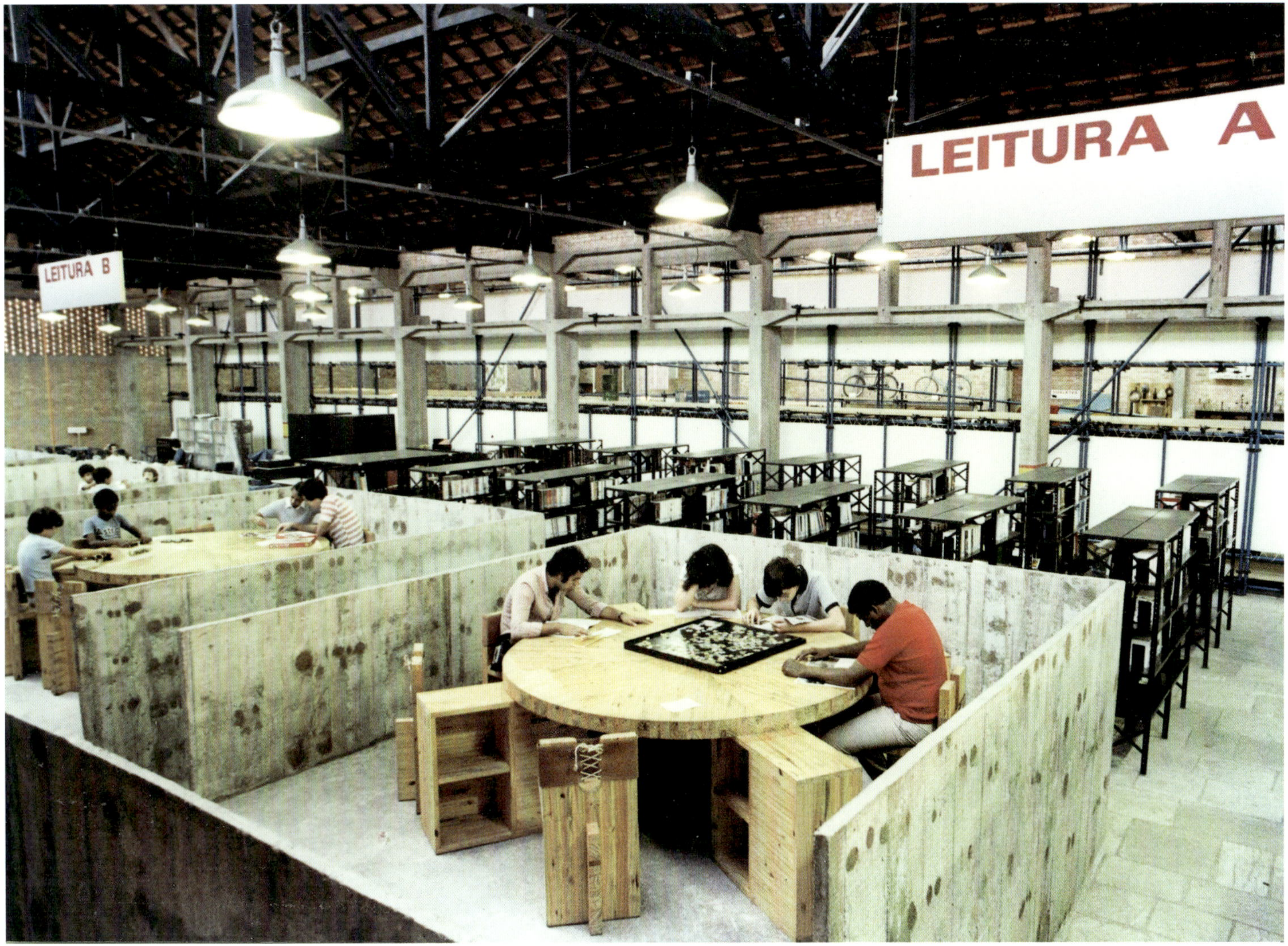
LEITURA A
LEITURA B

20

21

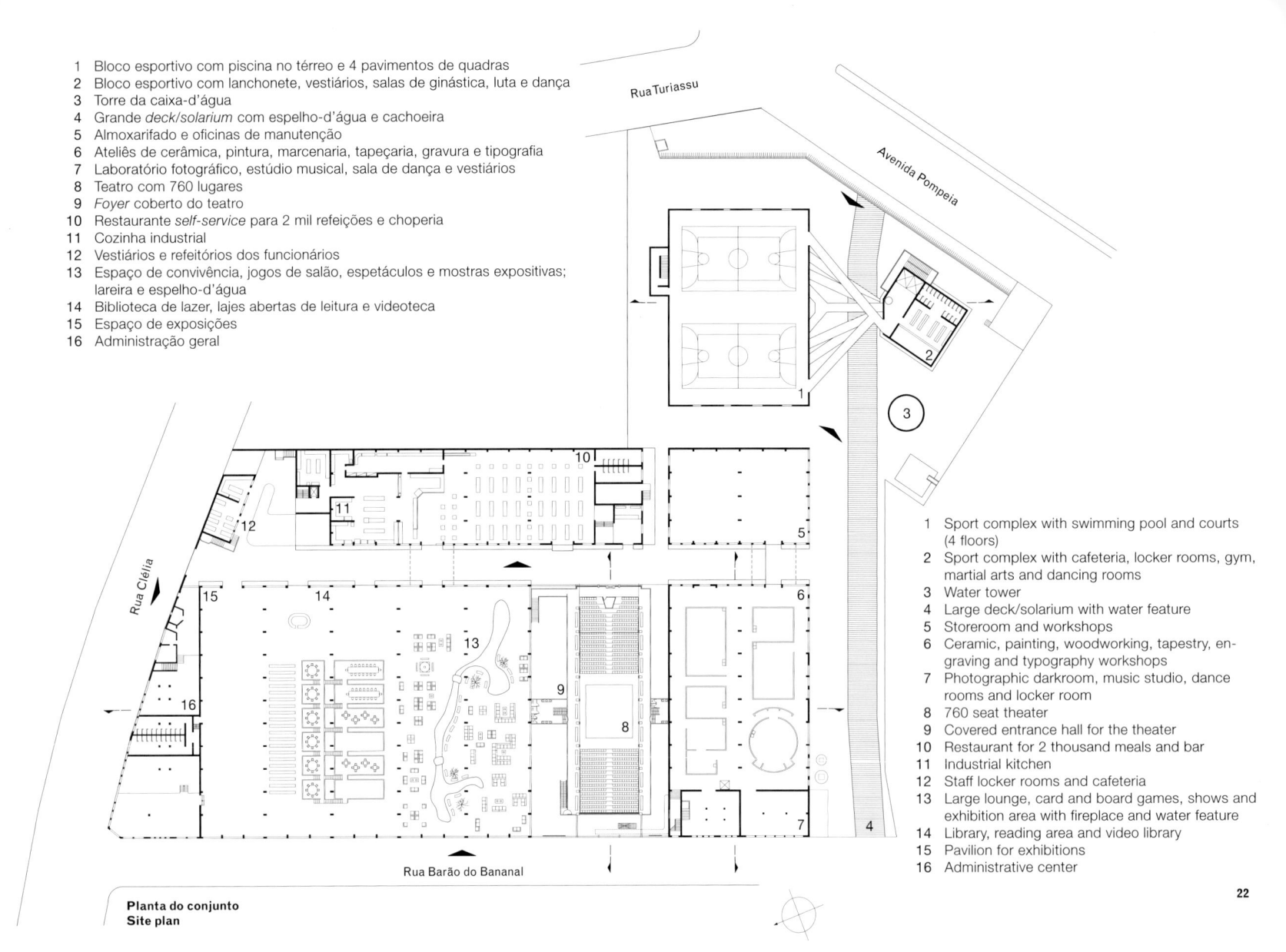

1 Bloco esportivo com piscina no térreo e 4 pavimentos de quadras
2 Bloco esportivo com lanchonete, vestiários, salas de ginástica, luta e dança
3 Torre da caixa-d'água
4 Grande *deck/solarium* com espelho-d'água e cachoeira
5 Almoxarifado e oficinas de manutenção
6 Ateliês de cerâmica, pintura, marcenaria, tapeçaria, gravura e tipografia
7 Laboratório fotográfico, estúdio musical, sala de dança e vestiários
8 Teatro com 760 lugares
9 *Foyer* coberto do teatro
10 Restaurante *self-service* para 2 mil refeições e choperia
11 Cozinha industrial
12 Vestiários e refeitórios dos funcionários
13 Espaço de convivência, jogos de salão, espetáculos e mostras expositivas; lareira e espelho-d'água
14 Biblioteca de lazer, lajes abertas de leitura e videoteca
15 Espaço de exposições
16 Administração geral

1 Sport complex with swimming pool and courts (4 floors)
2 Sport complex with cafeteria, locker rooms, gym, martial arts and dancing rooms
3 Water tower
4 Large deck/solarium with water feature
5 Storeroom and workshops
6 Ceramic, painting, woodworking, tapestry, engraving and typography workshops
7 Photographic darkroom, music studio, dance rooms and locker room
8 760 seat theater
9 Covered entrance hall for the theater
10 Restaurant for 2 thousand meals and bar
11 Industrial kitchen
12 Staff locker rooms and cafeteria
13 Large lounge, card and board games, shows and exhibition area with fireplace and water feature
14 Library, reading area and video library
15 Pavilion for exhibitions
16 Administrative center

Planta do conjunto
Site plan

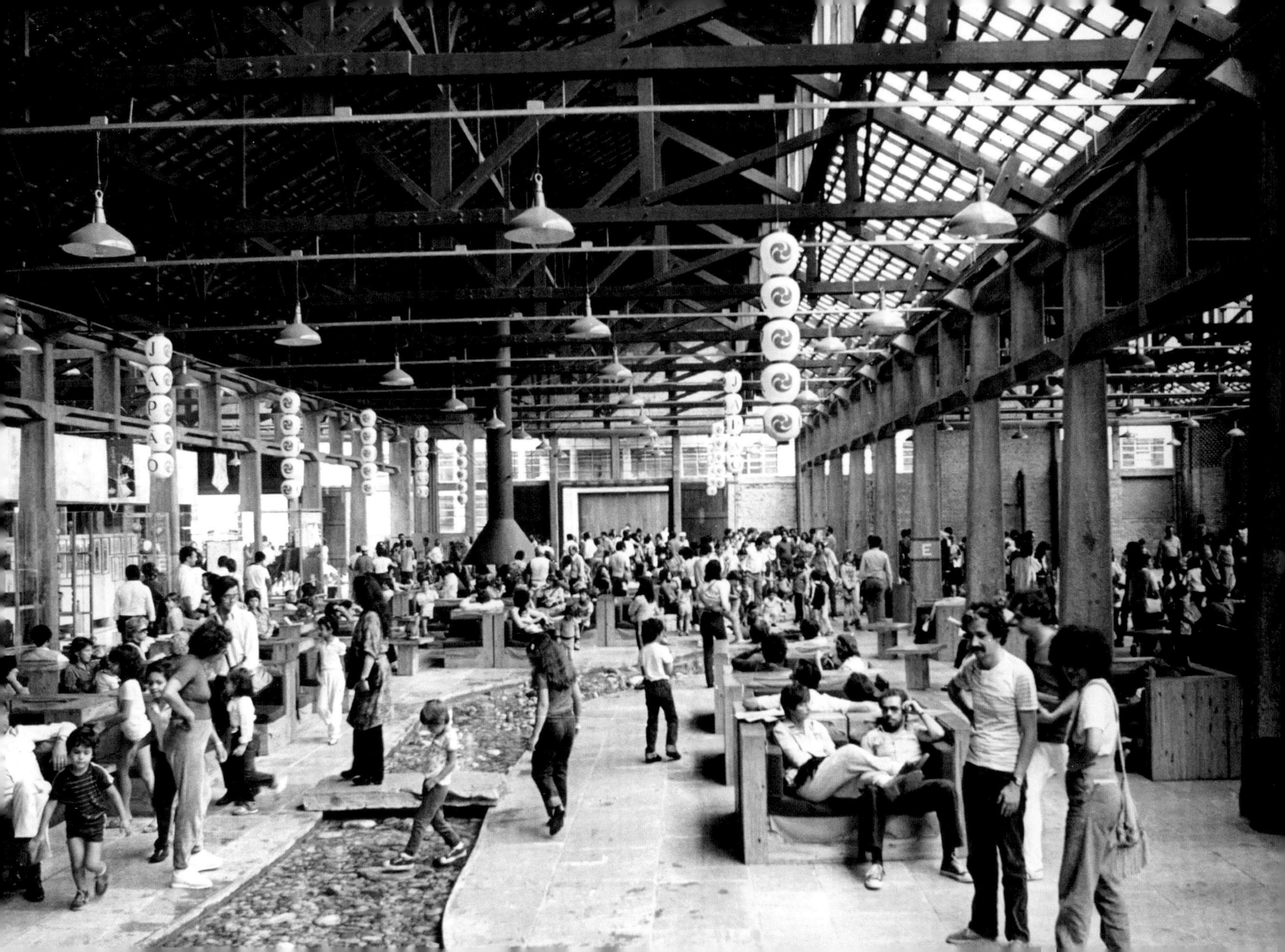

Elevação Rua Interna
Interior alley elevation

1 5 10 m

Elevação rua Barão do Bananal
Barão do Bananal St. elevation

Elevação rua Clélia
Clélia St. elevation

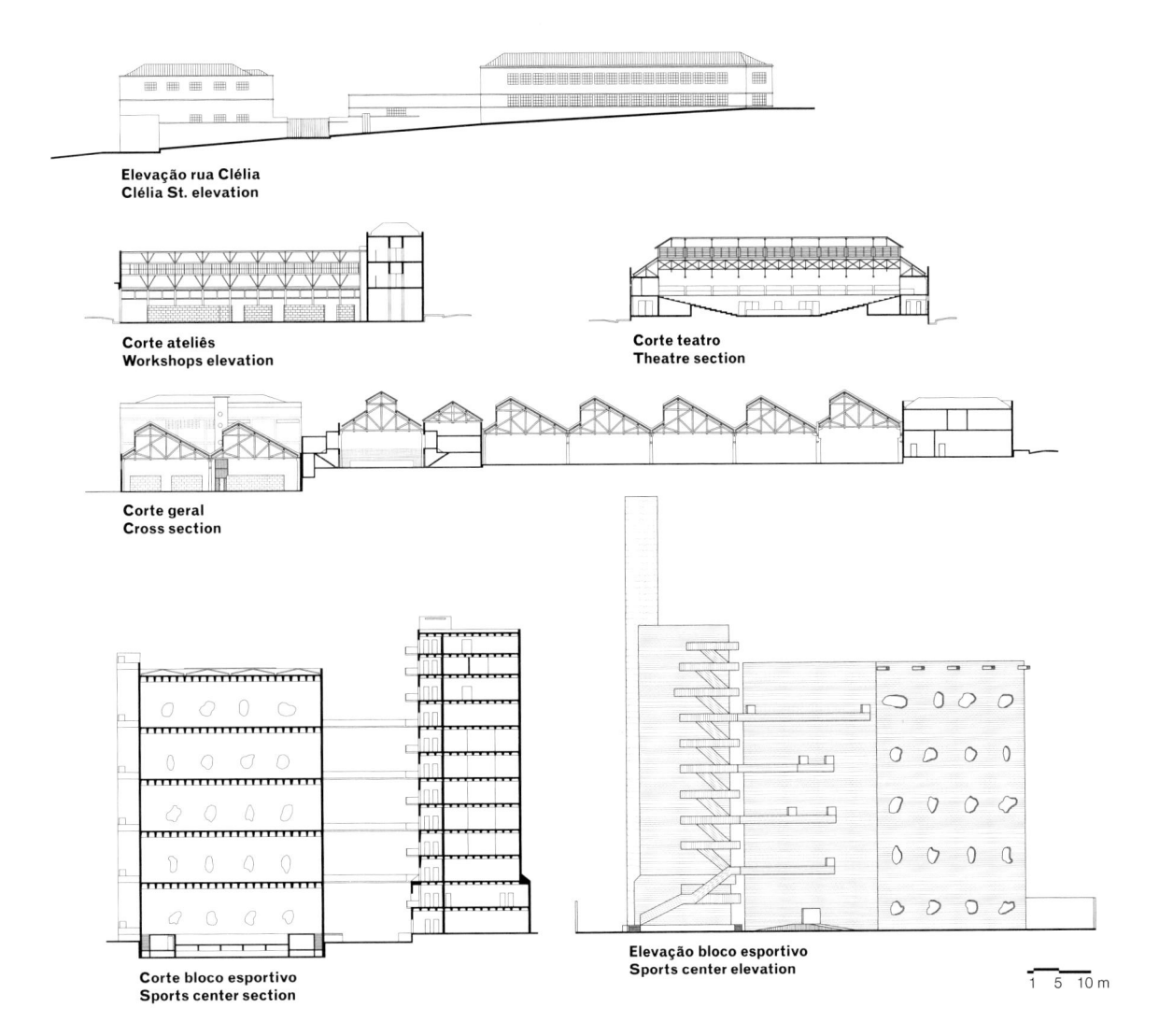

Corte ateliês
Workshops elevation

Corte teatro
Theatre section

Corte geral
Cross section

Corte bloco esportivo
Sports center section

Elevação bloco esportivo
Sports center elevation

1 5 10 m

numa velha fábrica de tambores
marcelo carvalho ferraz

Em 1982, uma bomba explodiu no ambiente arquitetônico brasileiro, mais especificamente em São Paulo. Essa bomba era o Centro de Lazer Fábrica da Pompeia, hoje conhecido simplesmente como Sesc Pompeia. Por que bomba? Porque era inenquadrável nas gavetas da arquitetura corrente. Era estranho. Era feio? Fora de escala? Bruto, mas também delicado? Seguramente, era algo que não fazia parte do universo possível, alcançável às mãos dos arquitetos atuantes. Foi de fato uma bomba, um choque.

Lina Bo Bardi, depois de amargar um ostracismo de quase dez anos, vítima do regime militar e também das "vistas grossas" da arquitetura oficial, surpreende a todos com esse presente a São Paulo. Paris acabara de inaugurar o Centro Georges Pompidou – Beaubourg, modelo extravagante de arquitetura que causava *frisson* nos estudantes e jovens arquitetos, e que logo se tornaria referência. Simbolizava uma via de escape ao modelo modernista, já um tanto deteriorado. Por consequência, era inevitável sua comparação ao novo centro de lazer que nascia no bairro da Pompeia: linguagem industrial, mudanças bruscas de escala, cores, muitas cores, e, principalmente, "estranheza" com a vizinhança. Mas, apesar de tudo isso, as duas propostas eram muito distantes e dessemelhantes em suas origens, seu ideário e seus resultados.

Convidada por Renato Requixa, diretor do Sesc São Paulo à época, e Glaucia Amaral, assessora, Lina mergulhou numa viagem que seria a mais

in an old drum factory
marcelo carvalho ferraz

In 1982, a bomb exploded in the midst of the Brazilian architectural world, more specifically in São Paulo. This bomb was the Pompeia Factory Leisure Center, now simply known as Sesc Pompeia. Why was it a bomb? Because it was impossible to make it within fit the molds of the contemporary architecture of its time. Was it strange? Ugly? Out of scale? Brutal but also delicate? It was certainly not part of a conceivable universe, outside the reach of contemporary architects. It was indeed a bomb, a shocking structure.

After being ostracized for almost ten years, Lina Bo Bardi, a victim of both the military dictatorship and conventional architecture, surprises the country with her gift to São Paulo. Paris had just seen the inauguration of the Georges Pompidou-Beaubourg Center, an extravagant model of architecture, causing *frisson* amongst students and young architects. It would soon become a reference. It symbolized an escape out of the modernist model, already somewhat in decline. It was, therefore, inevitable that there would be comparisons with the new leisure center in the Pompeia neighborhood. They shared an industrial language, sharp changes of scale, color, an enormous amount of color, and in particular a "strangeness" in comparison with their surroundings. Despite all these similitudes, the two projects were very different and diverse in terms of their origins, conceptions and results.

fecunda e prolífica de sua vida, já na idade madura. E nós, André Vainer e eu, no início como estudantes e depois como recém-formados, participamos dessa privilegiada aventura. Durante nove anos (1977 a 1986), desenvolvemos com Lina esse projeto, numa atividade diária em meio ao canteiro de obras: acompanhamento dos trabalhos, experimentações *in loco* e grande envolvimento de técnicos, artistas e, sobretudo, operários. Esta postura foi, também, uma verdadeira revolução no *modus operandi* da prática arquitetônica vigente. Tínhamos um escritório dentro da obra; o projeto e o programa eram formulados como um amálgama, juntos e indissociáveis; ou seja, a barreira que separava o virtual do real não existia. Era arquitetura de obra feita, experimentada em todos os detalhes.

A primeira etapa do conjunto foi inaugurada em 1982, mais precisamente a readequação da antiga fábrica de tambores dos irmãos Mauser (que, posteriormente, havia se transformado na fábrica de geladeiras Ibesa-Gelomatic). Lina, com olhar arguto e culto, descobre que a velha fábrica possui uma estrutura inspirada na técnica de um dos pioneiros do concreto armado, no início do século XX, o francês François Hennebique. Talvez a única desse tipo conhecida no Brasil até o momento. Essa descoberta/revelação dá ao conjunto um valor especial. Tem início, então, um processo de desnudamento dos edifícios *à la* Matta-Clark, com a retirada dos rebocos e a aplicação de jatos de areia nas paredes, em busca de sua essência, de sua tectônica.

Mas esse era apenas um aspecto do trabalho, e não o mais importante, seguramente. Quando

Lina Bo Bardi was invited by Renato Requixa, at the time the director of Sesc São Paulo, and Glaucia Amaral, assistant, and she immersed herself in the most fertile and prolific journey of her life, when she was already at a ripe age. André Vainer and I had the privilege of participating in this adventure, first as students, and later as recent graduates of architecture. For nine years (1977 to 1986) we developed this project together with Lina. We participated in the daily activities of the building site, overseeing the works, experimenting *in loco*. There were many professionals, artists and, above all, workers involved. The working experience at Sesc was a real revolution in the *modus operandi* of the architecture practiced at the time. Our office was inside the building site, the project and the program were so closely interconnected that they were inseparable from one another, as if amalgamated together. There were no barriers separating the virtual from the real. The architecture was fully tried out on site, in all its details.

The first phase of the complex was inaugurated in 1982. In fact, this was the refurbishing of the Mauser Brothers' old drum factory (which had later been the Ibesa-Gelomatic refrigerator factory). Lina Bo Bardi, cultivated and insightful, discovered that the old factory's molded structure was inspired by one of the pioneers of the reinforced concrete technique at the beginning of the 20th century, the Frenchman François Hennebique. It was perhaps the only known structure of its kind in Brazil at that time. This discovery/revelation added special value to the ensemble. The buildings were subsequently stripped, in Matta-Clark style: the plaster was removed and

chegamos ao conjunto para iniciar os trabalhos e instalar nosso escritório, o Sesc já promovia atividades culturais e esportivas lá. Essa é, aliás, uma prática corrente da organização. Foi assim também nas unidades Belenzinho, Pinheiros e Paulista, onde começaram a utilizar o espaço de forma improvisada, antes mesmo da reforma ou da construção definitiva do centro. Na Pompeia, encontramos várias equipes de futebol de salão, teatro amador feito com recursos mínimos, o baile da terceira idade, o churrasco aos sábados, o centro de escoteiros mirins e muita criança circulando por todo lado, como revoada de passarinhos. Lina, muito rapidamente, captou o lugar: "O que queremos é exatamente manter e amplificar aquilo que encontramos aqui, nada mais".

O programa

Começa então uma guerra surda sobre o programa a ser implantado. Em vez de centro cultural e desportivo, começamos a utilizar o nome "centro de lazer". O cultural, dizia Lina, "pesa muito e pode levar as pessoas a pensar que devem fazer cultura por decreto. E isso, de cara, pode causar uma inibição ou embotamento traumático". Dizia que a palavra "cultura" deveria ser posta em quarentena, descansar um pouco, para recuperar seu sentido original e profundo. E o termo "desportivo" implicava em esporte como competição, disputa. Um rumo, segundo ela, nocivo na sociedade contemporânea, que já é competitiva em demasia. Então, simplesmente lazer.

O novo centro deveria fomentar a convivência entre as pessoas como fórmula infalível de

the walls were sandblasted, in search for the building's tectonic essence.

This was just one aspect of the work and certainly not the most important. When we arrived at the site to start the works and set up our office, Sesc was already using the space for cultural and sporting activities. In fact, this continues to be the current practice of the organization. This was the case at their other sites such as Belenzinho, Pinheiros and Paulista, where they started to use the space in an improvised way before the renovation or the construction of the center began. At Pompeia there were a number of activities, various indoor soccer teams, and amateur theater groups surviving on scant resources, senior citizens' dance groups, barbeques on Saturdays, a junior scout center and many children running around everywhere, like a flock of birds. Lina was very quick to capture the mood of the place: "we want to keep it exactly as it is; we just want to emphasize what we've found here, that's all".

The program

A silent war was waged in terms of the implementation program. We started using "leisure center" instead of cultural and sports center. Lina used to say "the word 'cultural' has a lot of significance and may lead people to 'do culture by decree'. For a start, this is inhibiting and can lead to traumatic paralysis". She used to say that the word "culture" should be put in quarantine, be left to rest for a while, so as to recover its original meaning and depth. The word "sporting" relates to competitive sports and

produção cultural (sem a necessidade de uso do termo). Deveria incentivar o esporte recreativo, com uma piscina em forma de praia para as crianças pequenas ou para os que não sabem nadar e quadras esportivas com alturas mínimas abaixo das exigidas pelas federações de esporte, portanto inadequadas à competição. A ideia era reforçar e fomentar a recreação, o esporte "leve". Assim, programa e projeto se fundiriam indissociáveis, amalgamados.

Escala fabril

O bloco esportivo inaugurado em 1986, todo em concreto aparente, foi, na verdade, o choque maior. Foram erguidas duas torres de concreto, uma com "buracos de caverna", em vez de janelas, e outra com janelas quadradas salpicadas "aleatoriamente" pelas fachadas. Ao lado, uma terceira torre, cilíndrica de 70 metros de altura, também em concreto aparente e marcada por um "rendado" em seu aspecto exterior – uma "homenagem ao grande arquiteto mexicano Luis Barragán", dizia Lina.

Ligando as duas torres, entre os vestiários e as quadras, oito passarelas de concreto protendido venciam vãos de até 25 metros e criavam uma atmosfera feérica, expressionista, evocando *Metrópolis*, o filme de Fritz Lang. É importante lembrar que sob tais passarelas passa um córrego canalizado – o córrego Água Preta –, que cria uma área *non aedificandi*. As passarelas, portanto, não surgem de uma decisão formal ou arbitrária de projeto. Elas respondem com inteligência à realidade do lugar.

disputes, which Lina thought was the wrong course to take in contemporary society, given that it already involves too much competition. So we simply used leisure.

The new center should promote the sharing of experiences, an infallible formula for cultural production (without needing to use the term). It should encourage recreational sport. It had a swimming pool in the shape of a beach for the small children and those who could not swim and sports courts below the minimum height required by the sports federations which therefore made them unsuitable for competitions. The main idea was to encourage and stimulate leisure and "light" sport. This was how the program and the design fused together, becoming inseparable.

Factory scale

The sports block was opened in 1986. All in exposed concrete it was indeed, its most shocking feature. Two concrete towers were erected, one of which had "cave holes" instead of windows. The other tower had square windows, "randomly" scattered across its façade. Nearby, there was a third, cylindrical tower, 70 meters-tall, also in exposed concrete, its outer surface covered in a "lace" effect – Lina said it was in honor of the great Mexican architect Luis Barragán.

Eight suspended pre-stressed concrete walkways linked the two towers containing the changing rooms and the sports courts. They spanned up to 25 meters and created a fairytale, expressionist atmosphere, evoking Fritz Lang's film *Metropolis*. It

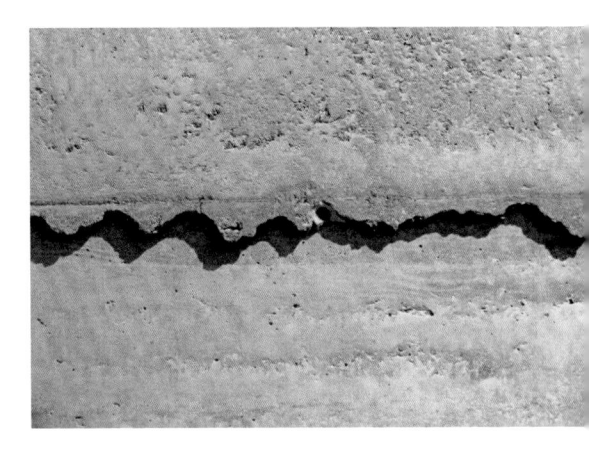

Antecedentes

No Sesc Pompeia, Lina retoma, com revisão crítica de quase vinte anos de distanciamento, sua experiência vivida na Bahia (1958 a 1964), no projeto de reabilitação do Solar do Unhão, concebido para funcionar como Museu de Arte Popular, mas duramente afetado pelo golpe militar de 1964. Muitos dos conceitos utilizados – a relação entre programa e projeto – haviam sido experimentados nessa fase baiana.

Foram chaves para o sucesso do projeto a formulação de uma programação abrangente e inclusiva e as soluções espaciais de acessibilidade (trazer a rua e a vida pública para o interior do Centro), contemplando e criando interesse às diversas faixas etárias e classes sociais, sem discriminação. Isso é função da arquitetura, e das mais nobres. A rua aberta e convidativa, os espaços de exposições, o restaurante público com mesas coletivas, o automóvel banido com rigor, as atividades a céu aberto culminando com a "praia do paulistano" em que se transformou o deque de madeira no verão; tudo fez do Sesc Pompeia uma cidadela de liberdade, um sonho possível de vida cidadã.

O Centro é como um verdadeiro oásis em meio à barbárie de desconforto urbano de nossa sofrida São Paulo. Quem não guarda uma boa lembrança desse lugar de densa existência na vida da metrópole? Os shows de música, circo, festas juninas, festivais multiétnicos, exposições memoráveis, ou mesmo o simples nada fazer dos encontros ao lado da água ou do fogo, nos sofás públicos... Parece que tudo de bom passou e continua passando por ali.

Historical background

At Sesc Pompeia, after almost twenty years, Lina returned to a critical revision of her experience in Bahia (1958-64), which involved the rehabilitation of the Unhão Manor-house, conceived as a Museum of Popular Art, a project heavily impacted by the 1964 military coup. Many of the concepts applied in Pompeia – the relationship between the program and the design – had been tried out in the Bahian experience.

Key to the success of this project was the drawing up of a comprehensive and inclusive program, and solutions involving spatial accessibility (bringing the street and public life into the Center) so as to attract interest from all age groups and social classes without discrimination. This is a role of architecture – indeed, one of its most noble roles. The projects encompassed an open and inviting street, exhibition spaces and a public restaurant with communal tables. It was a place where cars were strictly prohibited and open-air activities culminated in the wooden-decked area, transformed into "São Paulo's beach" during summer. All this turned Sesc Pompeia into a citadel of freedom, a dream of citizenship made real.

The center was a real oasis amidst the barbarian urban discomfort of the suffering city of São Paulo. Who does not have some good memories

is worth recalling that underneath the walkways, the canalized Água Preta Stream flowed, creating the *non-aedificandi* area. The walkways did not emerge out of a formal or arbitrary decision in the design, but were an intelligent solution to a real situation.

É claro que a programação e a promoção sociocultural do Sesc, em suas mais de trinta unidades no Estado de São Paulo, são os motores fundamentais. Mas eu arriscaria dizer, compartilhando a opinião de um sem-número de pessoas, que, na Pompeia, o sabor é especial. E por quê?

Arqueologia industrial

A reabilitação de uma antiga fábrica, local de trabalho duro, sofrimento de muitos, testemunho do trabalho humano, e sua transformação em centro de lazer, sem o apagamento dessa história pregressa, fazem do Sesc Pompeia um espaço especial. O cuidado da recuperação em deixar todos os vestígios da antiga fábrica evidentes aos olhos dos frequentadores – seja nas paredes, nos pisos, telhados e estruturas, seja na linguagem das novas instalações – levou a que o espaço iniciasse sua nova vida já pleno de calor e animação. Com alma e personalidade.

A própria linguagem arquitetônica das novas edificações reforçava o lado fabril e industrial do conjunto. Ela está no despojamento da aplicação dos materiais e, principalmente, em sua escala. Sim, os edifícios novos rompem a delicadeza e a escala "bem composta" dos galpões de tijolinhos e telhas de barro, e se apresentam como grandes contêineres ou silos industriais; as passarelas se assemelham a pontes ou esteiras rolantes para transportar grãos ou minérios. E nada disso buscava o mimetismo, um estilo ou arremedo decorativo. Tudo está lá para atender plenamente a suas funções de centro de lazer. Ninguém nota, ninguém racionaliza – nem

of this place in its active contribution to the life of the metropolis existence? Music events, circus, *junina* festivities[2], multi-ethnic festivals, memorable exhibitions or simply lazing about by the water or the fireplace, on the public sofas... It seems that all good things have happened and continue to happen there. Of course, the driving engine of all this is still Sesc's promotion of its socio-cultural agenda in over thirty centers throughout the state of São Paulo, but I would venture to say, in agreement with countless other people, that at Pompeia, all this has a special flavor. And why would that be?

Industrial archeology

The rehabilitation of an old factory, a site where many worked hard and suffered, a testimonial to human work, and its transformation into a leisure center, without erasing its previous history, turns Sesc Pompeia into a very special space. The care taken during the restoration stage so as to preserve all the vestiges of the old factory visible to users of the site – be it in terms of its walls, flooring, roof and structures or in terms of the language of the new installations – gave the space a new life, full of warmth and liveliness, soulfulness and personality.

The architectural language of the new buildings reinforced the manufacturing and industrial features of the complex. It is present in the rawness with which materials were employed and, particularly, in the scale of the towers. Yes, the new buildings break the softness and the "well composed" scale of the brick walls and clay tiles of the warehouses and appear as large containers or industrial silos. The

é necessário –, mas todos sentem por meio dos cinco sentidos a presença da fábrica nas soluções de arquitetura. Todos sentem, impregnado em cada decisão de projeto, o respeito à história do trabalho humano.

Uma velha fábrica em desuso, que não serve mais às funções para as quais foi concebida, renasce com toques contundentes. Por vezes violentos, como as torres de concreto, por outras delicados, como as canaletas de águas pluviais da rua central ou as treliças de madeira das janelas. Lina soube dosar a mão – ora pesada, ora leve – de acordo com a demanda e o discurso arquitetônico a ser comunicado a todos os que passaram e passam por ali. Afinal, arquitetura é forma eficaz e necessária de comunicação. A falta de comunicação, no sentido amplo do termo, é uma das maiores causas das desgraças de nossas cidades nos dias de hoje. Mas essa é outra história. Voltemos ao nosso centro de lazer. Quem pode ter passado impunemente pelo Sesc Pompeia sem o registro de uma emoção, surpresa ou descoberta – para usar três das sensações que, a meu ver, definem a boa e verdadeira arquitetura?

Essa experiência contém uma chave para aqueles que quiserem refletir sobre o papel da arquitetura na vida das pessoas. Uma chave contemporânea, ativada e ao nosso alcance. É uma experiência arquitetônica que alia criatividade e grande rigor, liberdade e responsabilidade, riqueza e concisão, e economia de meios, poética e ética.

Perguntada por estudantes que visitavam o Sesc Pompeia nos anos 1980 sobre o papel da arquitetura, Lina respondeu, referindo-se especificamente

walkways have the appearance of the bridges and conveyor belts used to transport cereal or mineral ore. However, none of this is mimetism, decorative adjustments or simply style. Each item is there to fully serve the purposes of the leisure center. No one notices, or rationalizes it – this is, of course, unnecessary – but everyone feels through their five senses the presence of the factory in the architectural solutions. Everyone feels, impregnated by each decision of the project, a respect for the history of human work.

An old unused factory which no longer serves its original purposes is reborn with some striking touches. Sometimes these are even violent, such as the concrete towers, and sometimes delicate, such as the rain water channels on the central street or the wooden trellises on the windows. Lina knew her measures – sometimes heavy and sometimes light-handed – according to the architectural requirements or language so as to be able to communicate with everyone who visits and has visited this place. Lack of communication, in its wider sense, is one of the worst problems of our cities today. But this is another story. Let us go back to our leisure center. Who could have visited Sesc Pompeia without feeling emotions, surprise or a sense of discovery – to use but three sensations which, as I see it, define good and true architecture?

This experience holds the key for those who want to think about the role of architecture in the lives of human beings; a contemporary key, which is switched on and stands within our reach. It is an architectural experience which links creativity to

àquele projeto: "Arquitetura, para mim, é ver um velhinho, ou uma criança, com um prato cheio de comida atravessando elegantemente o espaço do nosso restaurante à procura de um lugar para se sentar, numa mesa coletiva". E, para arrematar, com a voz embargada de quem desabafa uma vida de trabalho e de sonho por um mundo melhor, disse: "Fizemos aqui uma experiência socialista".

great rigor, freedom with responsibility, richness with precision and economy of means, poetics with aesthetics.

When Lina was asked by students visiting Sesc Pompeia during the 1980s about the role of architecture, she answered, referring specifically to this project: "For me, architecture is being able to see an old man, or a child with a plate full of food elegantly crossing our restaurant space looking for somewhere to sit at a communal table". She finished, with the choked voice of someone who was venting out her entire life's work and dreams for a better world: "Here we have designed a socialist experience".

[1] Festas Juninas ("June Festivities") are the second most important cultural celebrations commemorated in Brazil, after Carnival. It takes place in June in honor of three important Catholic saints to Brazilians: Saint Anthony, Saint Peter, and Saint John. These festivities were brought over by the Portuguese during the colonial period and have some very peculiar characteristics, such as a 'quadrille dancing', open-air fairs, bonfires, traditional food and music. [E.N.]

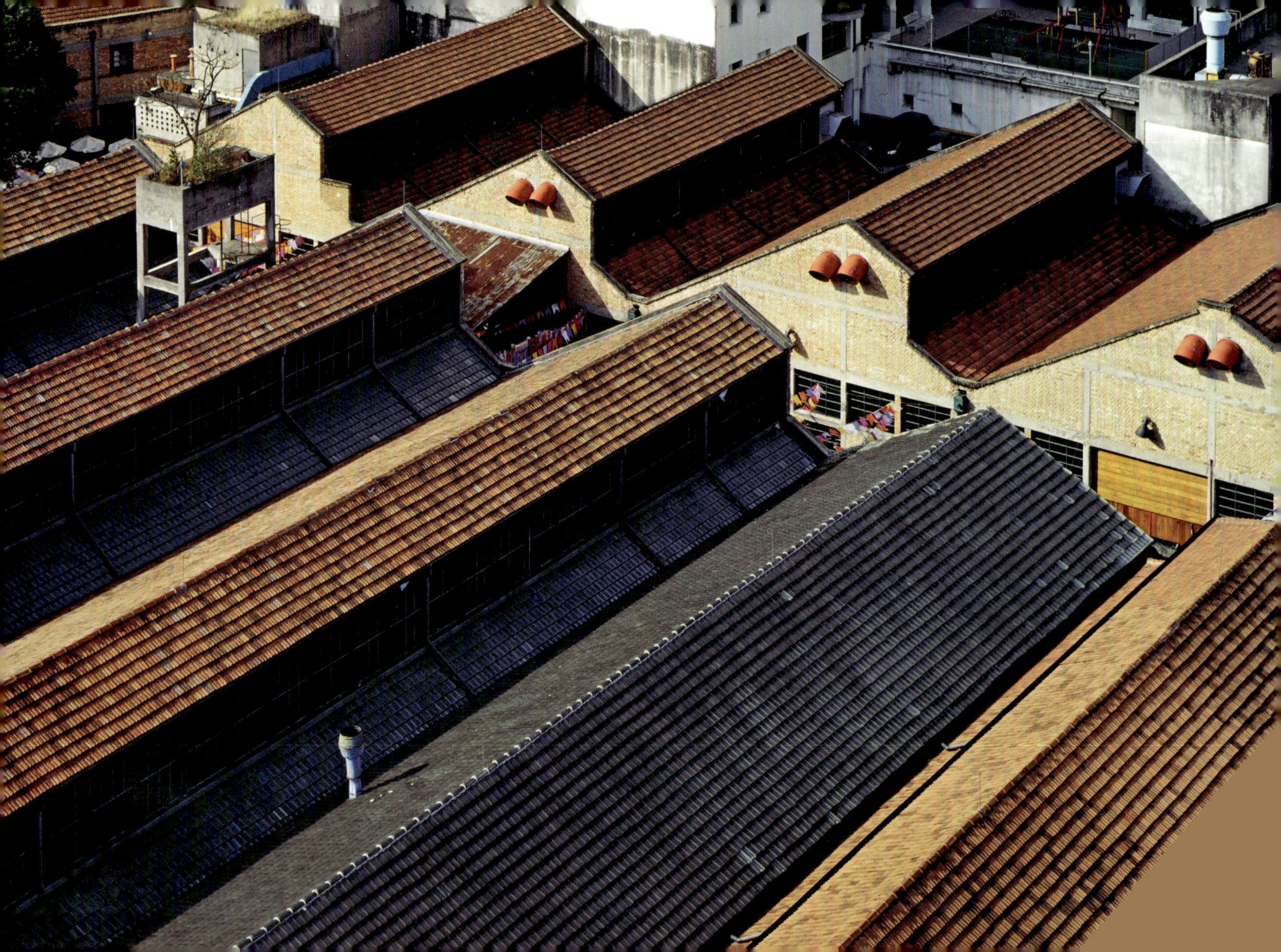

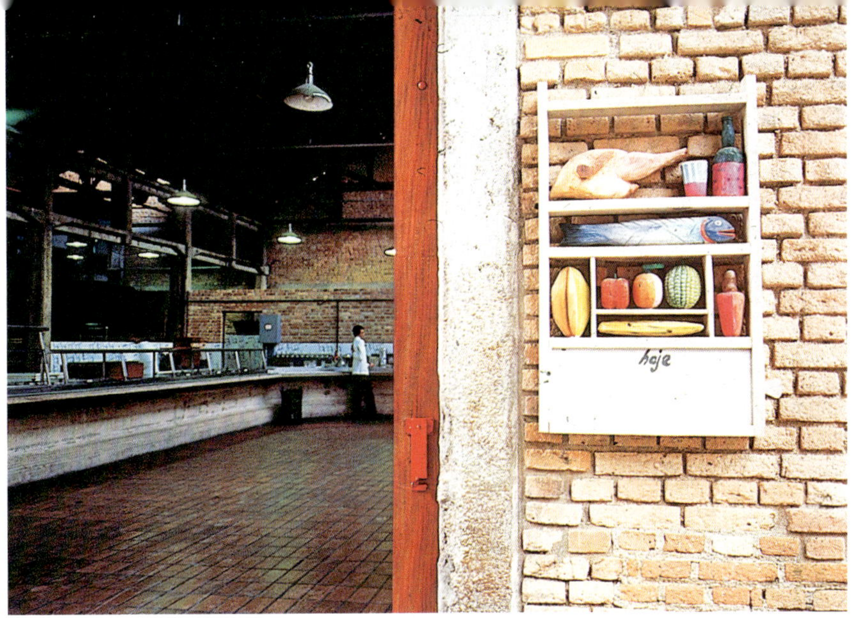
hoje

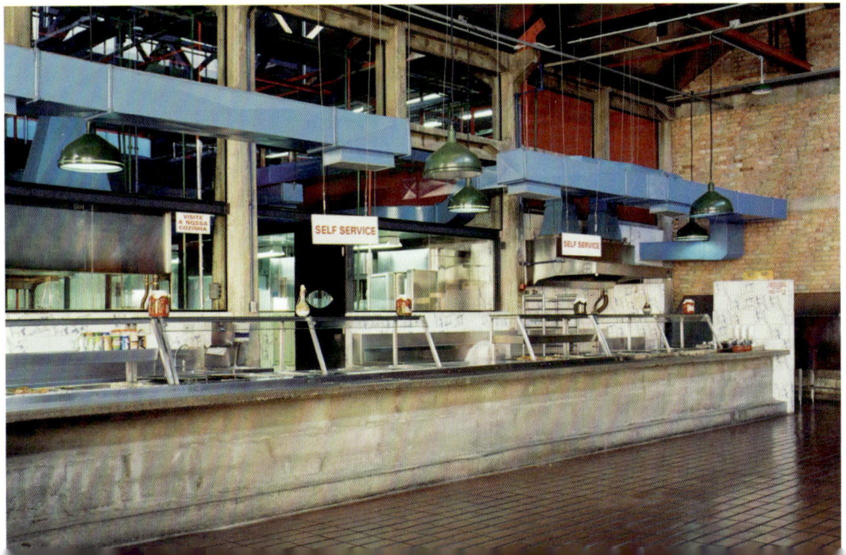
VISITE A NOSSA COZINHA
SELF SERVICE
SELF SERVICE

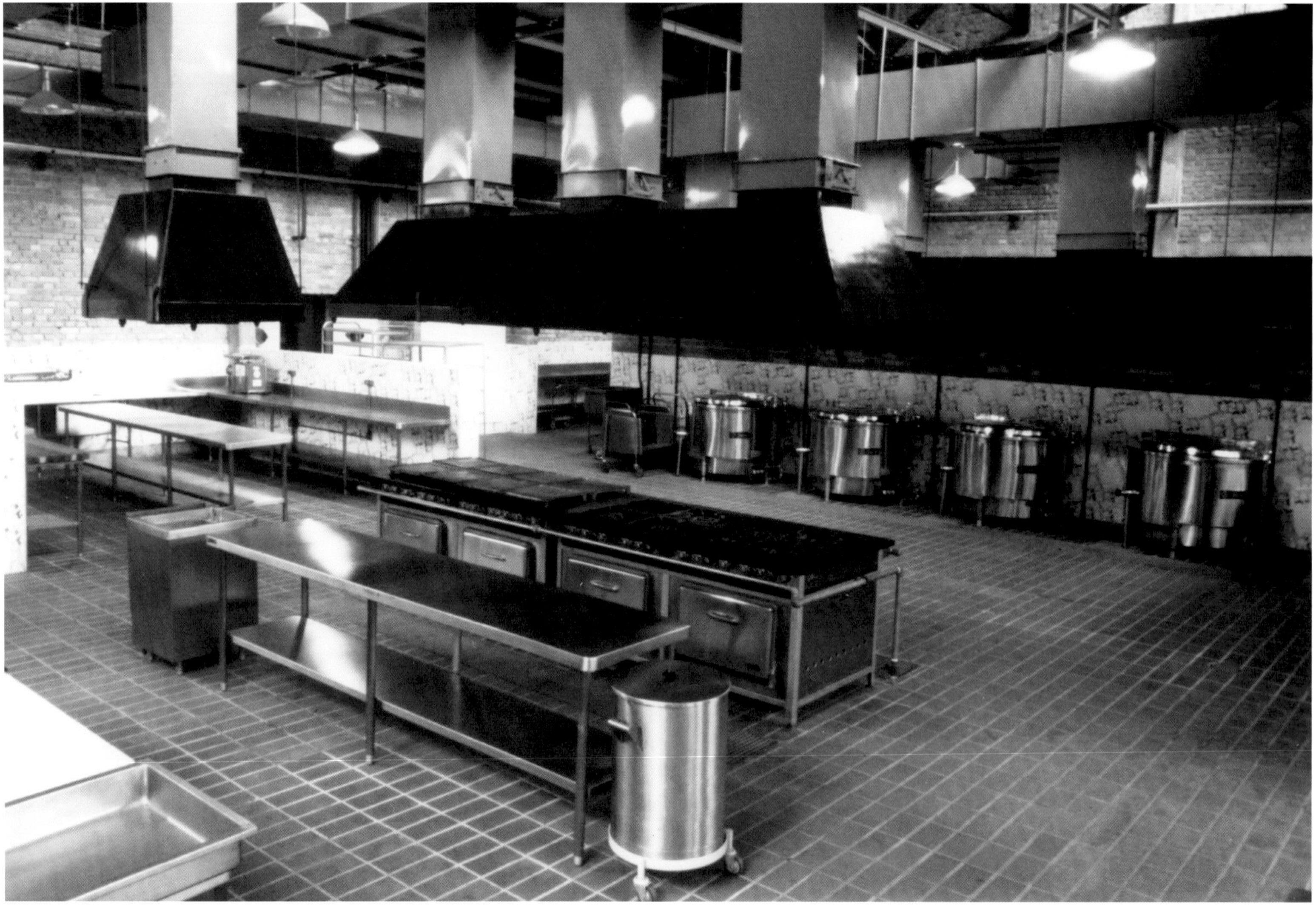

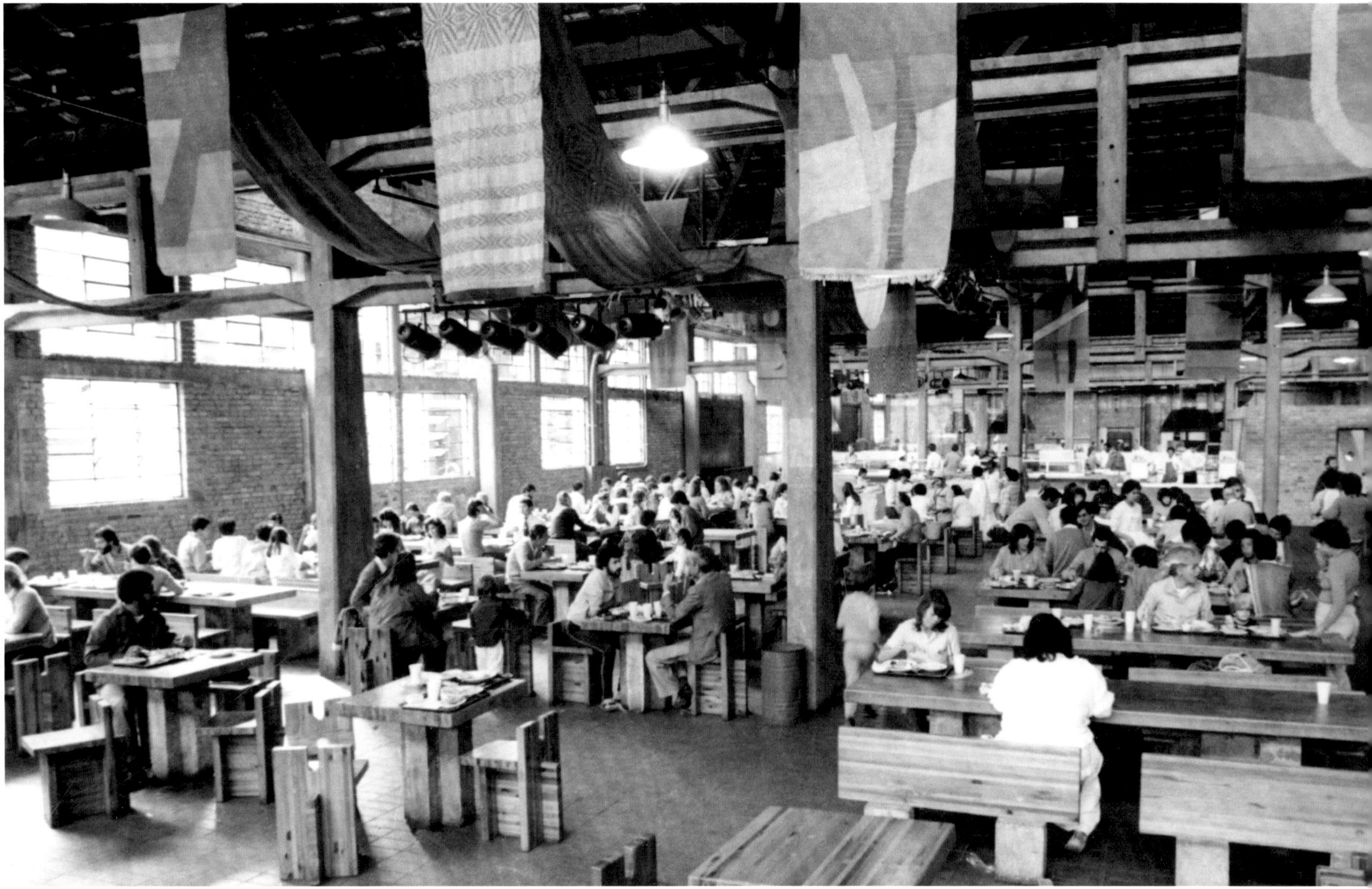

Hall / Camarins lado direito

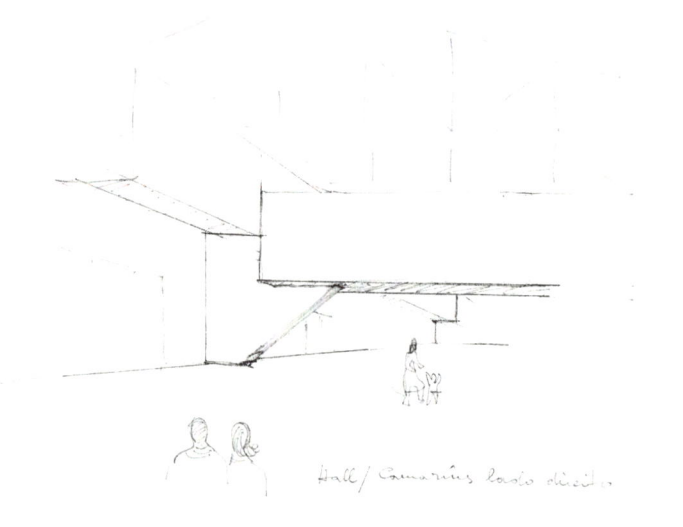

38

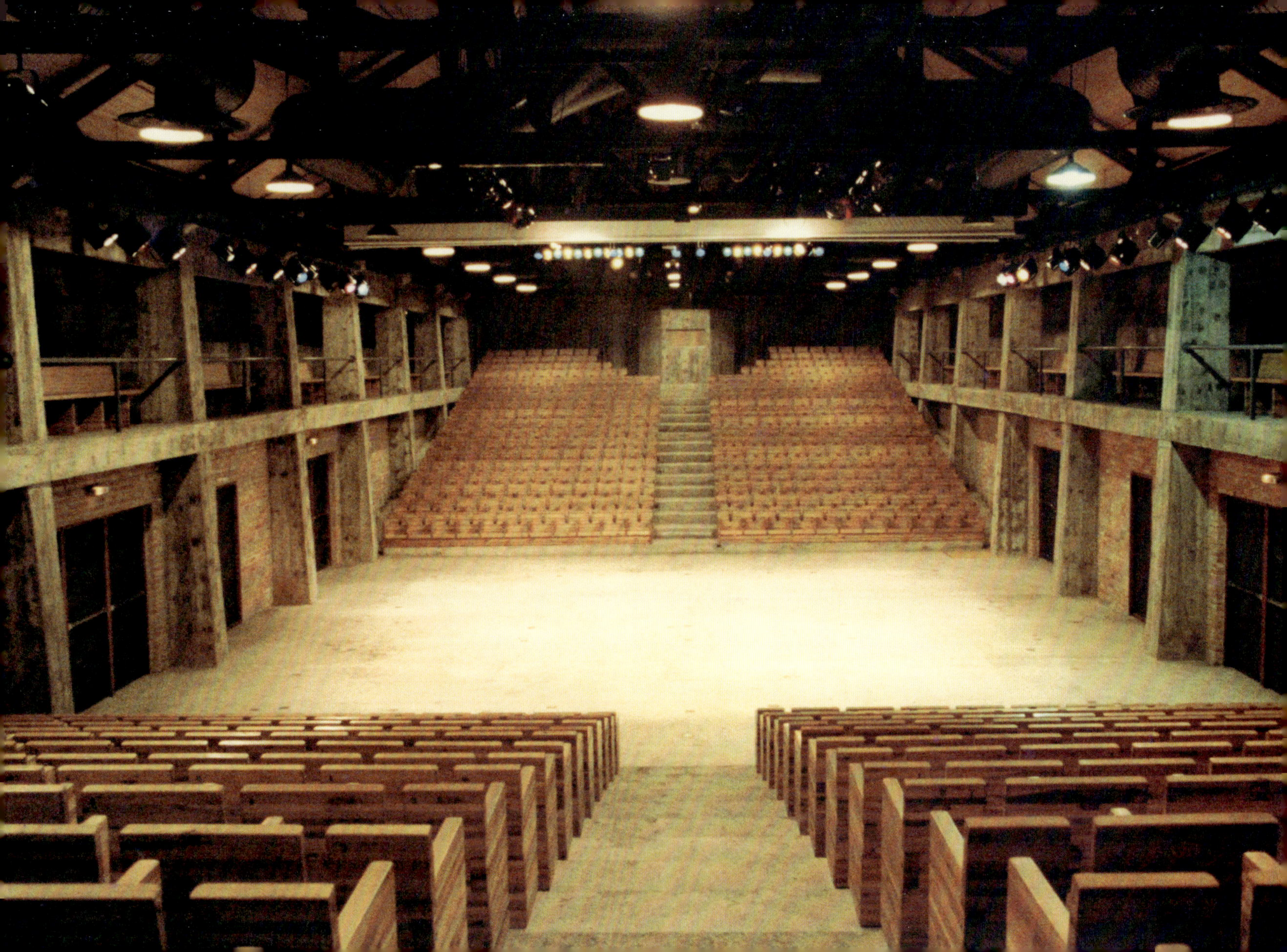

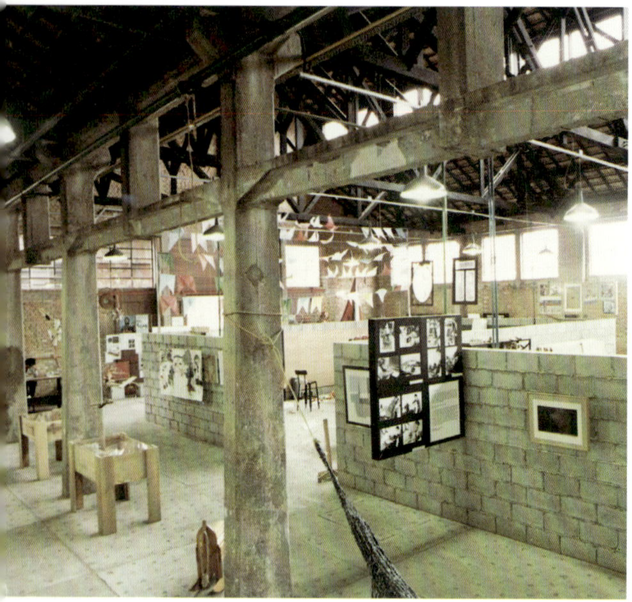

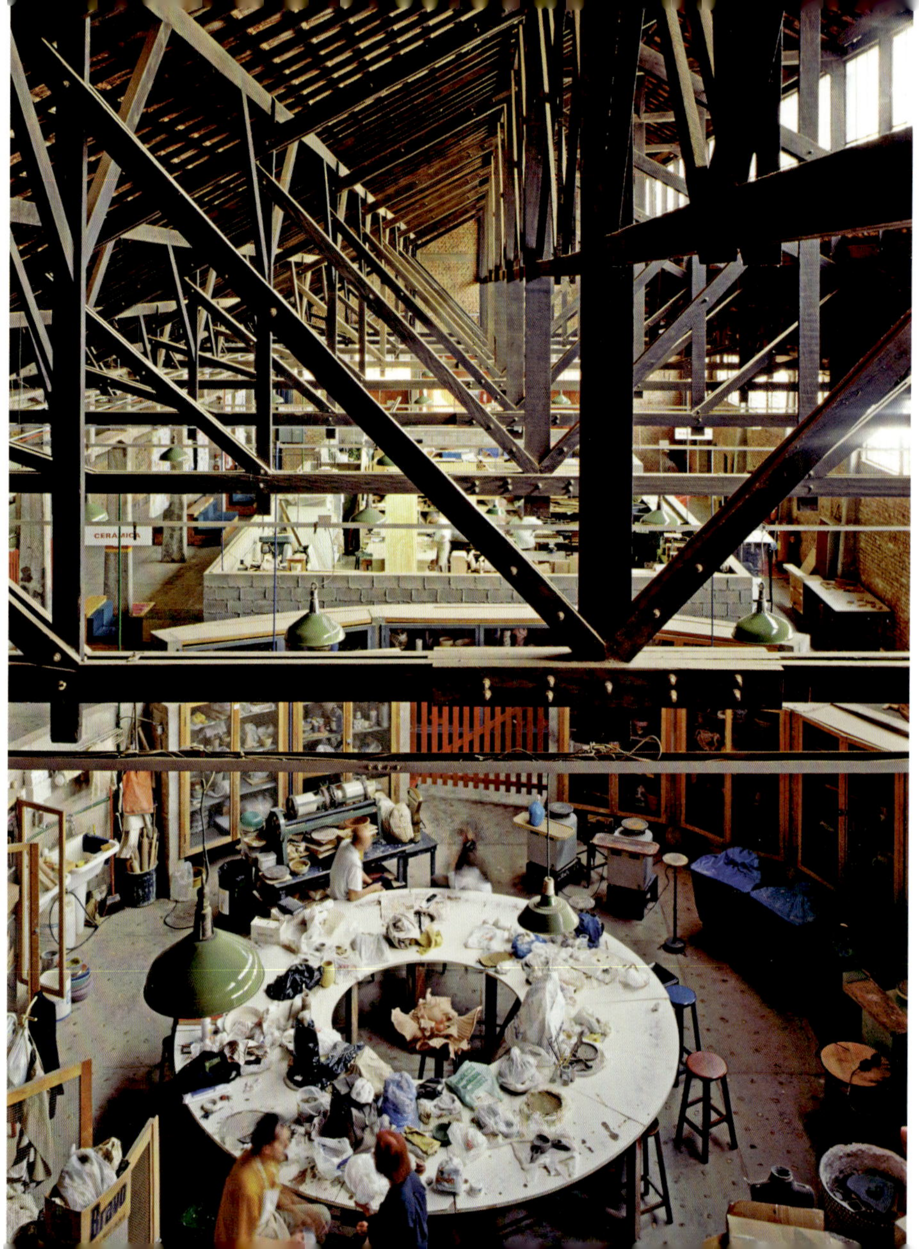
CERAMICA
Bravo

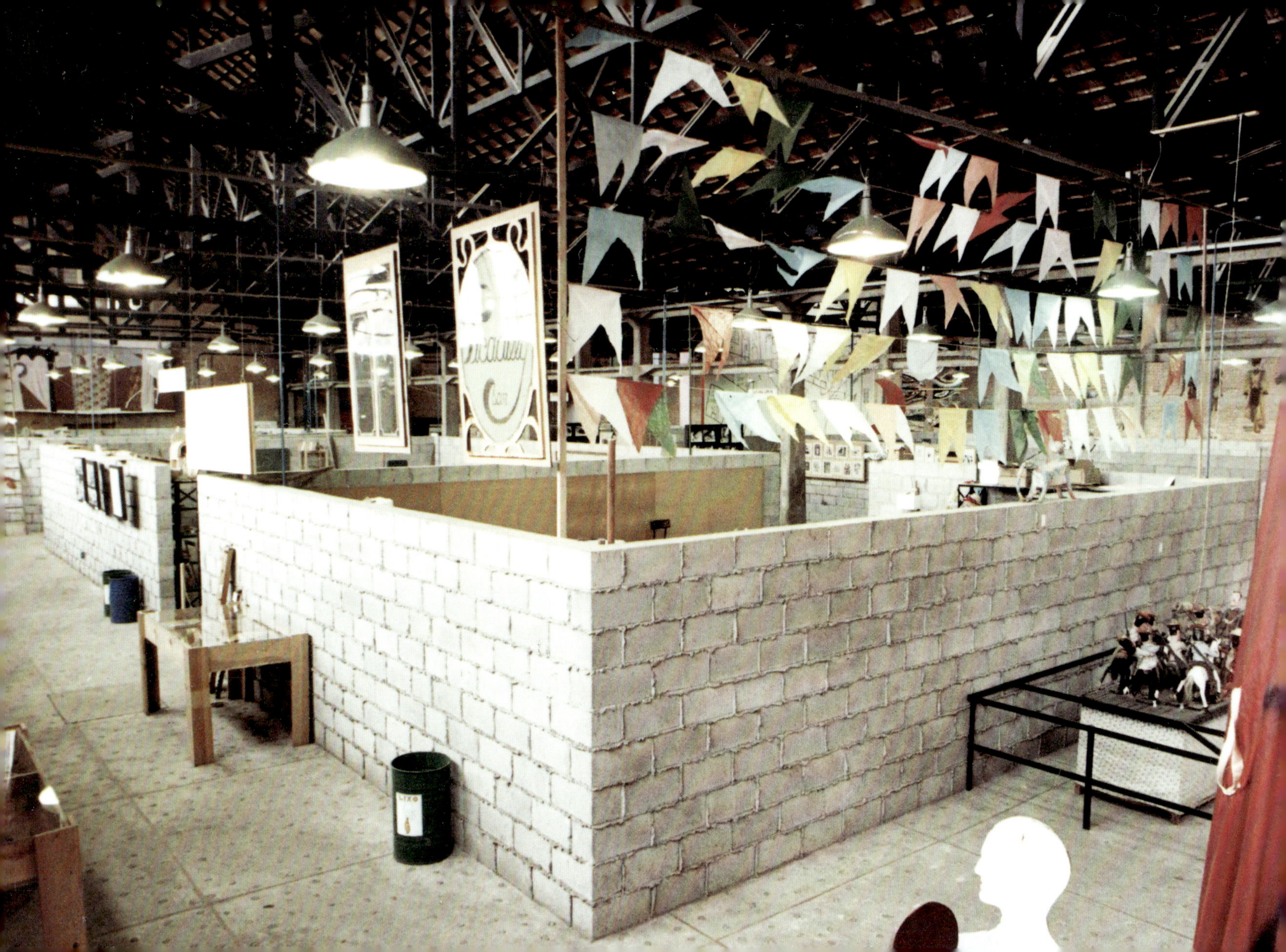
LIXO

uma cidadela americana
cecília rodrigues dos santos

"[...] a América é uma sociedade aberta, com prados floridos e o vento que limpa e ajuda. Assim, numa cidade entulhada e ofendida, pode de repente surgir uma lasca de luz, um sopro de vento"[1].

Terra de acolhida dos emigrantes europeus, a América representa para Lina Bo Bardi o espírito da liberdade, a possibilidade de criar sem fronteiras e sem amarras, o constante recomeçar sobre novas bases – para ela, condições fundamentais de trabalho e de vida.

Percorrer o Sesc Fábrica da Pompeia na contramão das visitas oficiais significa, antes de tudo, reconhecer este espírito libertário e negar os habituais enquadramentos da arquiteta e sua obra em correntes e escolas. Para depois tentar compreender seu trabalho como um complexo mosaico de citações, das mais eruditas às mais cotidianas e populares, costuradas de forma pessoal por uma grande sensibilidade eclética.

As condições para "criar a luz" e "deixar circular o vento" numa cidade "ofendida" como São Paulo eram, para Lina Bo Bardi, a defesa incondicional do modernismo "anterior ao corte representado pela Segunda Guerra"[2]: o combate humanista radical, para além de qualquer formalismo; a pesquisa séria e apaixonada da essência da cultura popular brasileira para dela extrair a poesia maior do trabalho, itens de contextualização da obra e de reintegração do usuário com sua cultura.

an american citadel
cecília rodrigues dos santos

"[…] the Americas are an open society, with meadows full of flowers and a clean and helpful breeze. Suddenly, in a crammed up and aggrieved city a sliver of light filters through, a gush of fresh air blows"[1].

For Lina Bo Bardi, the Americas, as the land that welcomed European immigrants, represented the spirit of freedom, the possibility of creating without borders or restraints, the continuous 'starting from scratch' on new bases which for her are the fundamental conditions for work and life.

Analyzing the Sesc Pompeia Factory from the opposite position of official visits means, above all, recognizing this libertarian spirit and rejecting the common placing of this architect and her work into architectural currents and schools. By doing so, we can to understand her work in terms of a complex mosaic of references, from the most scholarly to the most every day and common, all sewn together in a personal way by a marked and eclectic sensibility.

The conditions for "creating light" and "letting the air circulate" in a city as "aggrieved" as São Paulo was, for Lina Bo Bardi, an unconditional defense of modernism "before being interrupted by Second World War"[2]: the radical humanist combat, beyond any formalism, the serious and passionate search for the essence of Brazilian popular culture in order to extract the poetic essence from the work, a factor that contextualizes it and reintegrates users into their own culture.

Ao rebatizar essa nova sede do Serviço Social do Comércio de "Fábrica da Pompeia", Lina Bo Bardi nos dá a chave para descobrir seus mais preciosos segredos.

Pompeia I

Aportar em Pompeia, no Brasil, em pleno século XX, pode ser a primeira etapa de uma grande viagem exploratória. A Pompeia americana traz no seu traçado ortogonal e regular a memória de um bairro cuja história está ligada ao início da industrialização em São Paulo. Desde o final do XIX, casas geminadas em série foram se justapondo a galpões e prédios industriais. Essas construções, apenas cinquenta anos depois, já começavam a ser abandonadas pela produção e seus operários, confirmando uma dinâmica de crescimento antropofágico, muito própria das cidades brasileiras. O Serviço Social do Comércio (Sesc), entidade mantida por contribuições dos empresários do comércio e serviços, adquire, na década de 1970, um grande conjunto de galpões recém-desocupados por uma fábrica de geladeiras. Alinhados ao longo de uma rua de serviço que conduzia a uma área vazia atravessada em toda a sua extensão pelo córrego Água Preta, os velhos prédios talvez tivessem cedido lugar a um moderno centro cultural e esportivo da associação não fosse Lina Bo Bardi a arquiteta escolhida para elaborar o projeto.

Encantada pela "elegante e precursora estrutura de concreto" dos galpões "distribuídos racionalmente conforme os projetos ingleses do começo da industrialização europeia"[3], Lina Bo Bardi lembrou "cordialmente o pioneiro Hennebique"[4], vendo-se na

By renaming this new headquarters of the Social Service of Commerce - Sesc "Pompeia Factory", Lina Bo Bardi gave us the key to understanding its most precious secrets.

Pompeia I

To arrive in Pompeia, in Brazil, in the middle of the 20th century, may have been the first stage of a great exploratory journey. This American Pompeii holds, within its orthogonal and regular layout, the memory of a neighborhood whose history is linked to the beginning of industrialization in São Paulo. Since the end of the 19th century, rows of terraced houses were randomly juxtaposed to warehouses and industrial buildings. Only 50 years later, these buildings were being abandoned by manufacturing and its workers, thereby confirming the typically anthropophagic nature of growth, of Brazilian cities. The 1970s saw Sesc, an organization funded by employers from commerce and service, acquire a large set of warehouses that had been recently vacated by a refrigerator factory. Lined up on a service road leading into an empty area crossed along its extension by the Água Preta Stream, the old buildings might have been replaced with a modern cultural and sports center had the institution not chosen Lina Bo Bardi as the architect to develop their project.

"Captivated by the elegant and early concrete structure of the warehouses, rationally distributed in line with English projects from the beginning of European industrialization[3]", Lina Bo Bardi "recalled with fondness the pioneer Hennebique[4]", and felt the need to propose the conservation of

contingência de propor a conservação deles. Assim, mantém a rua interna existente como espinha dorsal do conjunto, reciclando as construções antigas em área de convívio. Grandes espaços são liberados sob os telhados de estrutura de ferro e cobertura de telhas de barro e vidro, para aí se instalar a administração, o restaurante polivalente (local também de apresentações musicais e festas), o grande espaço de encontro e exposições, os ateliês de arte e artesanato. Além do mezanino em concreto aparente, que introduz a intimidade de pequenas salas de jogos, vídeo e leitura na amplidão da principal área de convívio, apenas o galpão destinado ao teatro recebeu intervenção um pouco mais contundente. Um espaçoso *hall*, ocupando o vazio entre a seqüência de módulos da fábrica, coberto por tradicional telhado de duas águas e telhas de vidro, introduz um galpão-teatro com duas plateias frontais e balcões que se exibem nas laterais externas como cubos alongados de concreto em balanço.

A área restante, que deveria abrigar as instalações esportivas, ficou, portanto, restrita a duas pequenas parcelas do terreno atrás dos galpões, limitadas pela zona *non aedificandi* sobre o córrego canalizado. Das normas de ocupação surgiram os edifícios que completam o projeto: três blocos isolados em concreto, com a solidez das fortalezas. O primeiro, um prisma estrutural regular, foi destinado à piscina e às quadras esportivas, sobrepostas em quatro andares de pé-direito duplo e piso em grelhas de concreto protendido para liberar áreas de 30 x 40 m. O segundo, um pouco mais esguio e ligado ao primeiro por passarelas de concreto protendido,

the building. In this way, the original internal street was kept as the backbone of the complex and the old buildings were recycled as areas for conviviality. Large spaces were cleared under the iron roofs with their clay and glass tiles. This area was set to include the administration, a general-purpose restaurant (a place also used for musical performances and festivals), the large exhibition and meeting hall and the arts and crafts workshops. Besides the exposed concrete mezzanine, which provided intimacy to the small game, video and reading rooms, within the expanse of the main communal area, only the warehouse earmarked for the theater was altered to a slightly greater degree. A spacious covered entrance hall, occupying the empty space between the row of factory modules, covered by a traditional gabled roof and glass tiles, leads to warehouse/theater with two frontal audience seating areas and balconies which go along the wall on either side whose shape can be described as balanced concrete elongated cubes.

The remaining area, which was supposed to house the sports facilities, was restricted to two small plots of land behind the warehouses, limited by the *non-aedificandi* area above the channelized stream. Land occupation regulations led to the emergence of the structures that complete the project: three isolated concrete blocks as solid as fortresses. The first is a regular prism structure designed for the pool and the sports courts which are superimposed on four double-height stories, each with floors made up of prestressed concrete grids, freeing an area of 30x40 m per story. The second is a little thinner and connected to the first by pre-stressed concrete walkways,

destinado aos vestiários e salas de exercícios, tem uma das faces marcadas pela escada de emergência e respectivos terraços de circulação. Um longo cilindro completa o conjunto e abriga a caixa-d'água.

Os restantes 3 mil metros quadrados, que incluem um *deck* de madeira sobre o córrego (solário batizado nostalgicamente de "rua da praia"), são definidos conceitualmente como uma zona de fronteira. Um vazio que une (ou separa...) dois conjuntos de edifícios sem nenhuma relação aparente entre si, seja de escala, seja de linguagem ou de história, em diálogo mimético com seu contexto imediato.

São Paulo é uma estrutura urbana extremamente heterogênea e descontínua, formada e reformada ao sabor dos humores do mercado e de algumas regras de zoneamento que foram perdendo sentido sem perder a validade. Uma cidade que, nas palavras sempre atuais de Lévi-Strauss, passa do frescor à decrepitude sem conseguir se tornar antiga. Edifícios compactos, a maioria inexpressivos, acomodados em pequenos lotes, mantendo recuos laterais e frontais que comprometem a configuração das quadras, justapõem-se a residências, terrenos vazios, edifícios institucionais, sem obedecer a critérios claros, sem nenhuma noção de hierarquia, configurando um contexto de difícil leitura que já chegou a ser definido como "falta de contexto".

Coube a Lina Bo Bardi, por meio da arquitetura e da implantação geral do projeto do Sesc, a atitude corajosa de reproduzir esse modelo pragmático de crescimento, e acirrar as contradições, forçando sua leitura e entendimento. Ao usuário, conhecedor no seu dia de tantos espaços homólogos, ela

containing the changing rooms and exercise rooms. One of its sides has fire escape staircases and respective access terraces. A long cylinder completes the complex and houses the water tower.

The remaining 3,000 m^2 includes a wooden deck above the stream (a solarium nostalgically named "*rua da praia*" – beach street) and is conceptually defined as a boundary area. This is the void that connects (or separates) the two sets of buildings, with no apparent relationship to each other in terms of scale, language or history, in mimetic dialog with its immediate context.

São Paulo is an extremely heterogeneous and disconnected urban structure, developed and redeveloped according to the whims of the market and zoning regulations that have lost their significance, though not their validity. It is a city that, in the timeless words of Lévi-Strauss, goes from being new to decrepit without ever managing to become old. Compact buildings, the majority of which is inexpressive, set in small land plots with frontal and side setbacks that compromise the configuration of blocks, rise next to residences, empty plots and institutional buildings. There are no clear criteria, no notion of hierarchy making up a context that is difficult to interpret and, indeed, has been defined as "lacking context".

Through architecture and the overall Sesc development project, Lina Bo Bardi had the courage to reproduce this pragmatic model of growth, intensifying contradictions, forcing a reading and interpretation of this city. Users, who know so many other homologous spaces in their everyday

destinou a tarefa de conferir unidade ao conjunto ao percorrê-lo e ao identificar-se com sua estrutura. E mais: encarregou o usuário da crítica dos mesmos espaços, motivando-o com uma série de pequenos gestos e provocações semeados. Por outro lado, as três torres, com sua arquitetura singular e autorreferente, sinalizam o que poderia vir a ser uma nova postura de intervenção na cidade: criam um marco, uma nova referência visual em uma paisagem homogênea na sua heterogeneidade absoluta, identificam o território do Sesc Pompeia apontando para seu passado próximo.

Pompeia II

Pompeia é a palavra-chave para definir o contexto físico imediato do conjunto e sua ligação com a história da cidade, mas ela também remete à italianidade intrínseca a São Paulo. A partir da segunda metade do século XIX, um enorme contingente de imigrantes italianos literalmente ocupa a cidade, acabando por conferir uma marca importante às construções, à língua, aos costumes paulistanos. Mais de meio século depois, em 1946, Lina Bo Bardi vem juntar-se aos seus conterrâneos, abandonando não mais províncias pobres e turbulentas que se adaptavam à unificação, mas um país único, dilacerado física e culturalmente por anos de opressão do fascismo e de guerra, com perspectivas de reconstrução com as quais ela não se identificava[5].

Se o olhar de Lina Bo Bardi sobre essa nova civilização americana é tão perspicaz que chega a ser considerado nativo, tão profundo que se faz autênticas raízes, é preciso ter sempre presente que

lives, are given the task of bestowing unity to this complex by exploring it and identifying themselves with its structure. She goes further, making users responsible for looking at these spaces with a critical eye, motivating them through a series of scattered small gestures and. However, it could also be said that the three towers with their unique and self-referential architecture signal what could be seen as a new interventionist posture in the city: they are a landmark, a new visual reference on a landscape which is homogeneous within its absolute heterogeneity, highlighting Sesc Pompeia and pointing to its recent past.

Pompeia II

Pompeia is the key word to define the immediate physical context of the complex and its connection with the city's history, but it also refers to the intrinsic Italian characteristics of São Paulo. From the mid-19th century, a large number of Italian emigrants literally took over the town. They had a large influence on the city, in terms of its buildings and language, as well as the traditions of São Paulo residents. More than half a century later, in 1946, Lina Bo Bardi joined her countrymen. Unlike them, she had not abandoned a poor and turbulent set of provinces going through a process of unification, but a single country, physically and culturally torn apart by years of fascism and war, with whose conceptions of reconstruction she could not identify herself.[5]

If Lina Bo Bardi's view of this new American civilization is so insightful that it could be considered native and so profound it led to laying down authentic

essa curiosidade, essa capacidade de redescobrir a realidade por meio de uma leitura renovada do "lugar", da "história" e da "mitologia", está intimamente ligada à sua condição estrangeira. Afinal, parafraseando Walter Benjamin, não é de Moscou que se aprende a ver Berlim?

A força latente do olhar forasteiro, que ganha cores tão próprias quando pousa sobre a América Latina, e cuja definição é fundamental para dar conta de todas as dimensões da obra de Lina Bardi, tem seus paralelos no prefácio do livro *Les Mots et les choses* (*As palavras e as coisas*). Nele Michel Foucault deixa claro esse "mecanismo" ao explicar que a gênese da sua reflexão está num conto de Jorge Luis Borges, no incômodo de constatar a sua impossibilidade de tê-lo pensado, na curiosidade que Borges desperta sobre "as relações de similaridade e equivalência que fundam as palavras, as classificações, as trocas"[6]. A liberdade e a fantasia de Borges ao ordenar o inordenável e ainda estabelecer um lugar para sua coexistência – procedimento tão familiar e tão incorporado ao nosso ser e pensar "realista fantástico" latino-americano que não chega a nos ser provocativo – abriram para o olhar atento do estrangeiro Foucault um novo horizonte de reflexão. *Les Mots et les choses* foi inspirado, no fundo, pelo charme exótico de um pensamento que não é outra coisa senão o limite do seu próprio pensamento.

Dessa maneira, Pompeia torna-se mais do que uma relação física, próxima e obrigatória. Para o projeto desse Sesc, Pompeia é o signo de uma Itália, apesar de distante, presente de forma visceral em cada gesto do projeto e, de forma mais racional, no

roots, it is important to always bear in mind that this curiosity, this ability to rediscover reality through a renewed interpretation of "place", "history" and "mythology", is closely linked to her condition of being a foreigner. After all, to paraphrase Walter Benjamin, is it not from Moscow that one learns to see Berlin?

It is essential to emphasize the latent strength of the outsider's gaze, which gains personal color when it rests upon Latin America, in order to account for all the dimensions of Lina Bo Bardi's work. Michel Foucault attests to this view in the preface of *Les Mots et les choses* (The Order of Things), where he elucidates this "mechanism" by explaining that the origin of his conception lies in a short story by Jorge Luis Borges, in the angst of realizing the impossibility of having conceived it and in the curiosity that Borges awakens regarding the "the relationships of similarity and equivalence that lie behind words, classifications and exchanges"[6]. Borges's freedom and fantasy when ordering what cannot be ordered while still establishing a place for coexistence – a procedure that is so familiar, so inbuilt into our "fantastic realistic" Latin American way of being and thinking that it does not appear to be provocative – opened a new horizon of reflection to the watchful eye of Foucault, the outsider. In essence, *Les Mots et les choses* was inspired by the exotic charm of a thought that is nothing more than the limit to one's own thinking.

In this way, Pompeia becomes more than a mere physical, close and imperative relationship. In terms of the Sesc project, Pompeia is a sign of an Italy

trabalho de restauração e revitalização das construções antigas. Porque, se é fato que as intervenções de Lina Bardi têm um cunho bastante pessoal, não se deve esquecer que toda a sua formação é europeia, arcando com o respectivo peso da sua história e a inegável intimidade com as ruínas. Nem será difícil encontrar analogias entre seu trabalho e a obra de outros arquitetos europeus com uma atuação tão pessoal quanto a sua, que releram de forma crítica o objeto e o lugar, e interferiram ativa e transparentemente na recomposição final.

Fábrica I

"A grande arquitetura brasileira no imediato pós-guerra foi como um farol de luz a resplandecer em um campo de morte"[7], gostava de repetir Lina Bo Bardi. E foi esse o farol que guiou seus passos até o Brasil.

Seduzida pelo que seria a versão brasileira dos princípios de arquitetura moderna, Lina Bo Bardi não demorou muito a se decidir pela radicalização da busca pela verdade cultural nacional. Os jovens arquitetos da escola carioca haviam conseguido, levados pelo brilho de Lúcio Costa, efetuar a síntese tão complexa entre os princípios e a tradição das arquiteturas barroca e colonial, a força e a sinuosidade asfixiantes da paisagem e os cinco pontos da nova arquitetura de Le Corbusier e seu discurso moderno. Lina Bo Bardi resolveu ir além. No final da década de 1950, quando se ultimavam os preparativos para a inauguração de Brasília e os olhos do mundo se voltavam para essa retumbante manifestação de arte nacional, a arquiteta embrenha-se no sertão

that, although distant, is viscerally present in each gesture of the project and, in a more rational way, in the work of restoring and revitalizing old buildings. While it is true that Lina Bo Bardi's interventions are very personal in nature, it should not be forgotten that her entire education is European, bearing all the weight of its history and an undeniable familiarity with ruins. Nor will it be difficult to find analogies between her work and that of other European architects which are just as personal as hers, critically interpreting the object and the place, actively and explicitly interfering on the final re-composition.

Factory I

"Great Brazilian architecture in the immediate postwar period was like a beacon of light shining on a death camp", Lina Bo Bardi liked to reiterate[7]. This was the beacon that guided her footsteps to Brazil.

Seduced by what would be the Brazilian version of modern architectural principles, it did not take her long to opt for a radicalization of her search for the national cultural truth. If the young architects from the Rio school, led by the brilliance of Lúcio Costa, had succeeded in making such a complex synthesis between the principles and traditions of Baroque and Colonial rchitectures, the asphyxiating power and sinuous forms of the landscape and Le Corbusier's five points of a new architecture and his modernist discourse, then Lina Bo Bardi decided to go further. At the end of the 1950s, while the preparations for the inauguration of Brasília were being finalized, and the eyes of the world were focused on this resounding demonstration of national art,

48

nordestino, região seca e miserável, em busca da outra face dessa arte, numa empreitada que ela mesma denominou de "procura antropológica"[8].

Fazendo uso de critérios pessoais, "sem compromissos esteticizantes ou romântico-artesanais"[9], e sem preocupações com o possível valor de mercado dos objetos, a arquiteta registra e estuda desde construções populares, festas e rituais até o pré-artesanato doméstico esparso, "expressão de fatos, ainda que mínimos, que na vida cotidiana possam exprimir poesia"[10].

Seja na divulgação, nas páginas da revista *Habitat*, das diferentes manifestações artísticas que exprimissem a "genialidade do país para além do que é sacramentado e oficial", seja no discurso pela "organização da cultura" com a criação da *Enciclopédia Brasileira*, seja ainda nessa cruzada de levantamento do que ela denominou "as correntes culturais do povo brasileiro", divulgadas depois em várias exposições,[11] Lina Bo Bardi acaba por realizar um verdadeiro balanço da "civilização popular", com rebatimento vital para sua obra.

Aos poucos vai se descobrindo, por meio da verdade dessas manifestações – da simplicidade de trabalhos feitos da reciclagem de latas, de couro mal curtido e de cerâmica utilitária ingênua –, de um profundo sentido de despojamento que ela interioriza em seus projetos, e de contribuição "indigesta, seca, dura de digerir"[12]. Essas características passarão a ser indissociáveis da obra da arquiteta, presentes também na obra do Sesc. Inclusive nos blocos novos, edifícios que, além de dispensar qualquer sofisticação de detalhamento, ainda são marcados

Lina Bo Bardi was deep in the dry, poverty-stricken northeastern hinterlands of Brazil, in search of the other face of this art, a venture she called an "anthropological search".[8]

While adhering to personal criteria, "without aestheticizing or having romantic-artisanal attachments"[9] or concerns regarding the potential market value of objects, Lina recorded and studied phenomena that ranged from vernacular constructions to parties and rituals and meager domestic "pre-craft": "it is the expression of facts, however minimal, that can express poetry in everyday life"[10].

Whether by disseminating, through the pages of *Habitat* magazine, the different artistic expressions that depicted the "genius of the country beyond what is formal or official", or in her discourse in support of the "classification of culture" through the creation of the *Enciclopédia Brasileira* [Brazilian Encyclopedia] or in the investigative crusade she called "the cultural currents of the Brazilian people", subsequently revealed in several exhibitions, Lina Bo Bardi ended up conducting a comprehensive assessment of "popular civilization" which had profound repercussions on her work[11].

Gradually, via the sincerity of these manifestations – in the simplicity of pieces made from recycling cans, poorly tanned leather and naïf utilitarian pottery – Lina discovered a deep sense of simplicity which she internalized in her designs together with an "unpalatable, dry, hard to digest" component, characteristics that would become an integral part of her work. These are also present in the Sesc project, including the three new blocks

por gestos fortes, como aquele que liga dois prédios através do aceno desordenado de braços vigorosos de concreto, ou aquele outro que, em vez de recortar geometricamente as janelas, prefere arrancar nacos de concreto das paredes e criar aberturas irregulares, funcionalmente justificadas pela necessidade de ventilação cruzada nas quadras de esporte, e que, na sua irregularidade, acabam por oferecer um enquadramento muito oportuno à paisagem melancólica da metrópole. Afinal, estamos muito distante do encanto natural do Rio de Janeiro para nos permitir o desfrute de generosas *baies vitrées*... Nada, além do discurso, lembra aqui a antiga paixão pelo lirismo e leveza da arquitetura da escola carioca dos anos 1940.

Porém, povoando uma obra dura, de inegáveis clareza estrutural e verdade construtiva, multiplicam-se os "gestos menores". Toda uma série de licenças poéticas invade o projeto do Sesc Fábrica da Pompeia. Sob os antigos telhados de três galpões unidos serpenteia um riacho recortado no piso de pedra, referência ao principal rio do Nordeste, o São Francisco. Ao lado, uma grande lareira acesa nos dias mais frios reúne, no mesmo ambiente, o fogo ancestral, a água e a terra das telhas e dos tijolos de fechamento dos galpões, criando a magia da reunião dos quatro elementos. Nas canaletas de água pluvial que ladeiam a rua central, o revestimento de seixos rolados, memória de tantos outros riachos. No piso dos sanitários, a justaposição de fragmentos coloridos de cerâmica imita colchas de retalhos. No espaço de junção das passarelas com os dois edifícios da área esportiva, elementos de proteção

which, although, do away with sophisticated details, are still characterized by strong gestures such as connecting the two buildings via random and strong concrete waving arms, or not making geometrically regular windows, but preferring to rip chunks out of the concrete walls making irregular openings, whose functionality is justified by the need for cross-ventilation in the sport courts an irregularity which also ends up offering a more appropriate way of framing the melancholic landscape of the metropolis. After all, we are very distant from the natural charm of Rio de Janeiro to be able to make good use of generous bay windows... Nothing but the discourse reminds us here of the old passion for lyricism and the lightness of the Rio school of the 1940s.

However, "smaller gestures" are abundant in this hard complex of undeniable structural clarity and constructive sincerity. The Sesc Pompeia Factory project allows for poetic license in countless ways. Under the old roofs of the three joined-up depots meanders a stream carved up on the stone floor, an allusion to the most important river in the Northeast, the São Francisco; nearby, a large fireplace, lit on the coldest days, brings within the same environment the ancestral fire, water and the earth of the bricks and tiles closing the warehouses, creating magic by bringing together the four elements; in the rainwater channels that flank the central street, rounded pebbles, a reminder of so many other streams; on the lavatory floor, the juxtaposition of colorful ceramic fragments imitate a patchwork quilt; in the junctions between the walkways connecting the two sports buildings the protective devices are iron

que são esculturas de ferro, flores de mandacaru, o cacto mais encontrado na Caatinga. Na cozinha e na piscina-açude (e não piscina olímpica...), azulejos com motivos marinhos, desenhos de pássaros e plantas tropicais. Nas quadras, uma composição de cores que respondem mais a uma vontade de "fazer arte" do que a qualquer marcação esportiva oficial. Ao longo da torre da caixa-d'água o concreto escorre na medida certa para fazer pensar que por ali enrolaram suas prendas as mulheres rendeiras de Cajazeiras. E são essas pequenas alegrias, esses pequenos gestos que, somados à memória impregnada nas paredes dos galpões, são oferecidos ao usuário como pistas para que ele consiga reconhecer-se na obra e apropriar-se dela como um todo. E, em seguida, sentindo-se forte e inteiro, possa lançar-se na conquista definitiva da cidadela, e na tomada de toda a cidade.

Fábrica II

Essa ode à apropriação do espaço, essa vocação do projeto ao mesmo tempo humanista e social, com tintas revolucionárias, é uma extensão da prática profissional de Lina Bo Bardi. Ao instalar seu ateliê no próprio canteiro e recusar a intermediação do desenho técnico executivo, a arquiteta lança-se no cotidiano da obra, resolvendo detalhes na medida em que se apresentam os problemas, sempre em parceria com engenheiros e operários. Sua forma de expressão são croquis, fortes como seus gestos construtivos, quase sempre muito coloridos, nos quais a ideia principal do projeto é apresentada em composições que incluem desenhos gerais,

sculptures – *mandacaru* flowers, the most common species of cactus in the *sertão*[12]; in the kitchen and in the pool/dam (and not Olympic pool), the tiles have marine motifs, drawings of birds and tropical plants; on the courts, the color composition has more to do with a desire to "make art" than any official markings related to sport; along the water tower, the concrete is set in such a way as to make us think that the women of Cajazeiras[13] wrapped their lacework around it. These are the small pleasures, the small gestures that, in addition to the memory ingrained on the walls of the warehouses, are given to the users as clues so that they can recognize themselves in the project, assuming the work in its entirety and, thus, feeling strong and complete, throw themselves into definitively conquering this citadel and the whole city.

Factory II

This ode to the appropriation of space, the project's vocation, at the same time humanist and social and in revolutionary hues, is an extension of Lina Bo Bardi's professional work. By setting up her studio at the construction site and dismissing the intermediation of the technical drawing, Lina threw herself into the site's daily routine, resolving problems as they emerged, always in partnership with engineers and workers. Her form of expression are her sketches, strong as her constructive gestures and almost always very colorful. The main idea in the design is presented through compositions that include general drawings, dimensions, details and short explanatory

cotas, detalhes, pequenos textos conceituais e explicativos, esboços e rabiscos. O desenho como exercício de pensamento e concepção, à maneira renascentista.

Quando Lina Bo Bardi decide que a torre cilíndrica da caixa-d'água deveria ser uma alusão à chaminé destruída da fábrica, não apresenta um projeto acabado. Técnicos e operários desenvolvem vários protótipos até chegar à solução construtiva aprovada pela arquiteta: uma forma de compensado de madeira deslizando para dar lugar aos 56 anéis empilhados, de um metro de altura cada. A estopa na face externa, utilizada como elemento de vedação na fase de concretagem, molda o rendado final da superfície. A mão de obra da construção em São Paulo, pobre e pouco qualificada, constituída, na sua maioria, de migrantes nordestinos, é paradoxalmente a mesma "mão criativa" cujo trabalho fascinou Lina Bardi nas suas excursões pelo Nordeste. A marca deixada na torre é apenas mais um manifesto da arquiteta.

A outra face dessa mesma vocação está na subversão total dos programas e intenções iniciais do cliente, a recusa da estrutura de um tradicional Centro Cultural e Esportivo e a proposta de um dinâmico Centro de Convivência. O esporte e as atividades culturais são tratados sob a ótica do lazer criativo. A cultura deveria ser recriada todos os dias nos ateliês e nos grandes espaços reservados às festas e encontros, e o esporte é visto como uma modalidade de lazer e confraternização, não contando o Sesc, portanto, com quadras e piscina nas dimensões oficiais para a sua prática[13].

conceptual texts, drafts and line traces. The design is an exercise in thought and conception, in a Renaissance manner.

When Lina Bo Bardi decided that the cylindrical water tower should be an allusion to the destroyed chimney of the factory, she did not present a finished design. Technicians and workers developed several prototypes until they reached a constructive solution of which Lina approved. This involved slip forms of plywood so as to make 56 stacked rings, each one meter in height. The fabric on the external concrete face was used as sealing element during the concreting phase and produced the lace pattern on the surface. The civil construction workforce in São Paulo was poor and unskilled, consisting mostly of northeastern migrants. Paradoxically, this was the very same population whose "creative hands" produced the work that fascinated Lina Bo Bardi during her excursions to the Northeast. The pattern on the tower is just another of her trademarks.

The other aspect of this same vocation is evident in the total subversion of the programs and original intentions of the client, the rejection of the traditional structure of Cultural and Sports Centers and the proposal for a dynamic Leisure Center. Sports and cultural activities are conceived from a perspective of creative leisure, culture has to be recreated every day in workshops and in large spaces reserved for parties and gatherings, and sport is seen as a form of recreation and social gathering. Thus, the sports courts and the swimming pool at Sesc do not meet official standards[14].

Para Lina Bardi, o Sesc Pompeia é fábrica na medida em que oferece seus espaços como palco para uma cidadania cultural exercida na sua forma mais plena.

For Lina Bo Bardi, Sesc Pompeia is a factory in as much as its spaces provide an arena to exercise cultural citizenship in its most complete form.

[1] Lina Bo Bardi, "A fábrica da Pompeia", *Sesc Fábrica da Pompeia*, Lisboa: Blau, 1996, p. 5.
[2] *Idem*, "Planejamento ambiental: desenho no impasse", *Malasartes*, Rio de Janeiro: 1976, n. 2.
[3] *Idem, op. cit.*, 1996.
[4] *Ibidem*.
[5] Depoimento de Lina Bo Bardi a Marcelo Carvalho Ferraz. Ver: Marcelo Carvalho Ferraz, "Saudades do Futuro", *Architécti*, Lisboa, Portugal: 1993, n. 23-24, ano V.
[6] Michel Foucault, *Les mots et les choses*, Paris: Gallimard, 1966.
[7] Lina Bo Bardi, "Uma aula de arquitetura", *Projeto*, São Paulo: 1990, n. 133.
[8] *Idem, op. cit.*, 1976.
[9] *Ibidem*.
[10] *Ibidem*.
[11] Textos publicados na revista *Habitat*, editada por Lina Bo Bardi e Pietro Maria Bardi, de 1950 a 1954.
[12] Lina Bo Bardi, *op. cit.*, 1976.
[13] *Idem*, "Sesc Pompeia", SPDRT, s.d., in-folio.

[1] Lina Bo Bardi, "A fábrica da Pompeia", *Sesc Fábrica da Pompeia*, Lisboa: Blau, 1996, p. 5.
[2] *Idem*, "Planejamento ambiental: desenho no impasse", *Malasartes*, Rio de Janeiro: 1976, n. 2.
[3] Lina Bo Bardi, *op. cit.*, 1996.
[4] *Ibidem*.
[5] Statement given to Marcelo Ferraz. Cf.: Marcelo Carvalho Ferraz, "Saudades do Futuro", *Architécti*, Lisboa: 1993, n. 23-24, ano V.
[6] Michael Foucault, *Les mots et les choses*, Paris: Gallimard, 1966.
[7] Lina Bo Bardi, "Uma aula de arquitetura", *Projeto*, São Paulo: 1990, n. 133.
[8] *Idem, op. cit.*, 1976.
[9] *Ibidem*.
[10] *Ibidem*.
[11] Texts and articles in *Habitat magazine*, edited by Lina Bo and Pietro M. Bardi, from 1950 to 1954. [E.N.]
[12] A sparsely populated region, distant from the main urban centers. It also denominates the driest region in the northeast of the country, linked to the cattle cycle, where traditions and old customs are still practiced. [E.N.]
[13] A city in the state of Paraíba, in the Brazilian region of the Northeast. The city is known for its artisanal lacemaking. [E.N.]
[14] Lina Bo Bardi, Sesc Pompeia, *SPDRT*, s.d., in-folio.

Comprimento
ca. 3,50

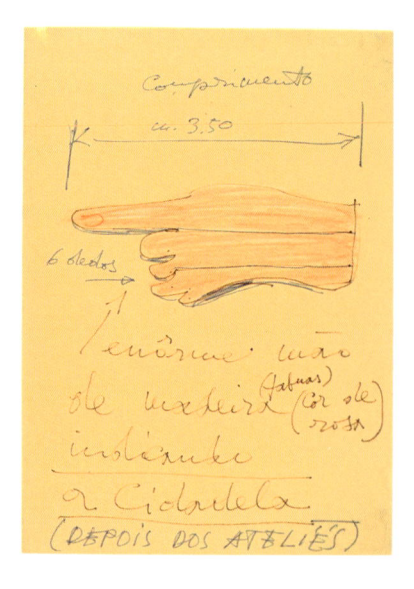

6 dedos

enorme mão
de madeira (tábuas) (cor de rosa)
indicando
a Ciclovia
(DEPOIS DOS ATELIÊS)

→ Este é um 'prédio'
diferente: não é de
competição é de
amizade – esporte –
alegria – crianças –
É dedicado ao
Garrincha (alegria do povo) que
perdeu na competição –

54

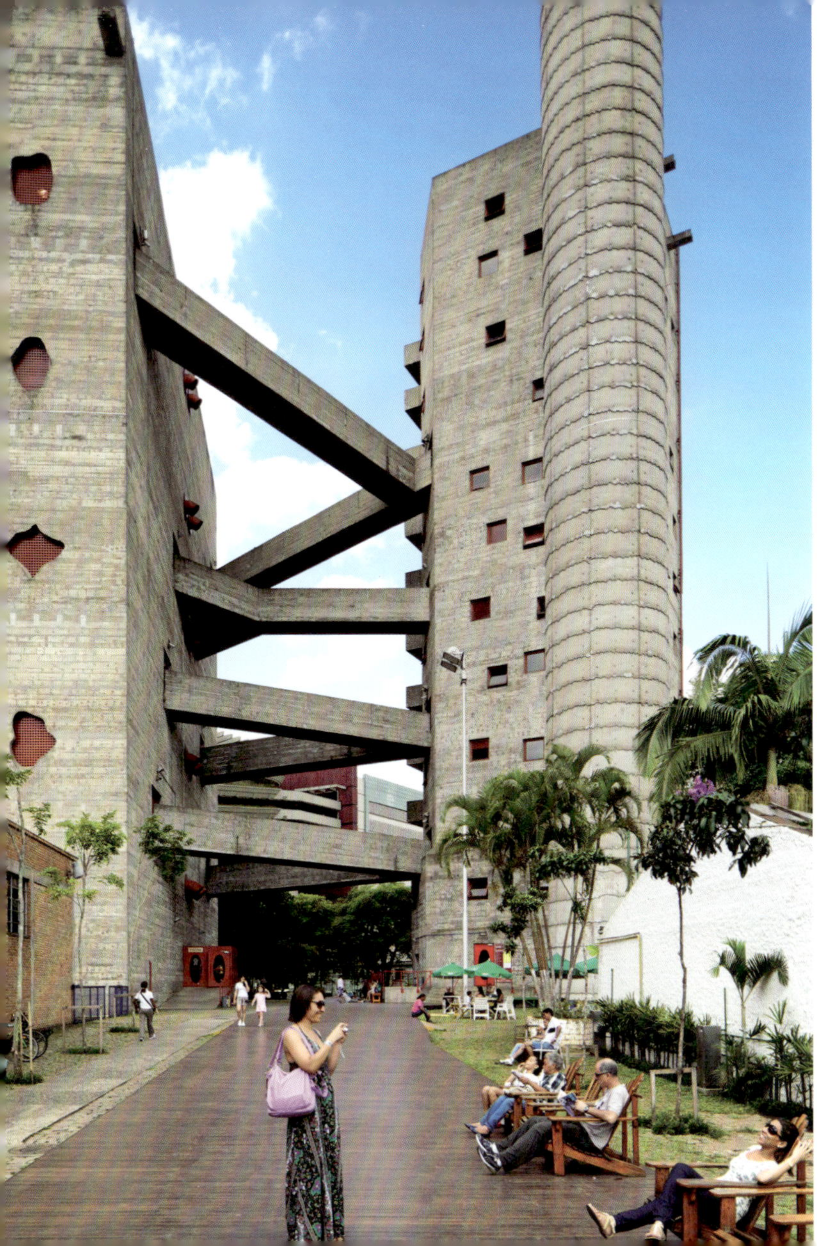

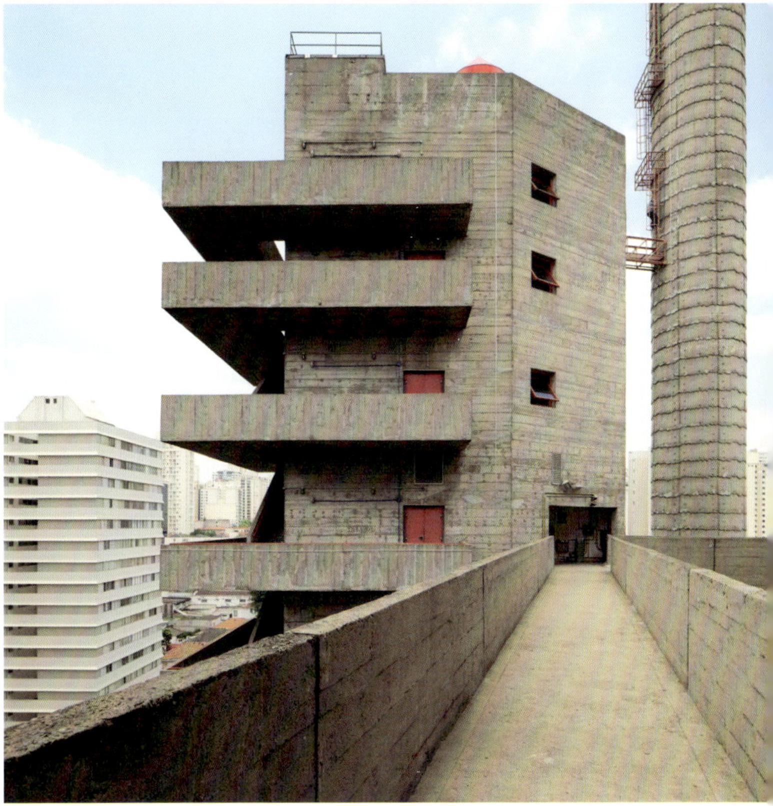

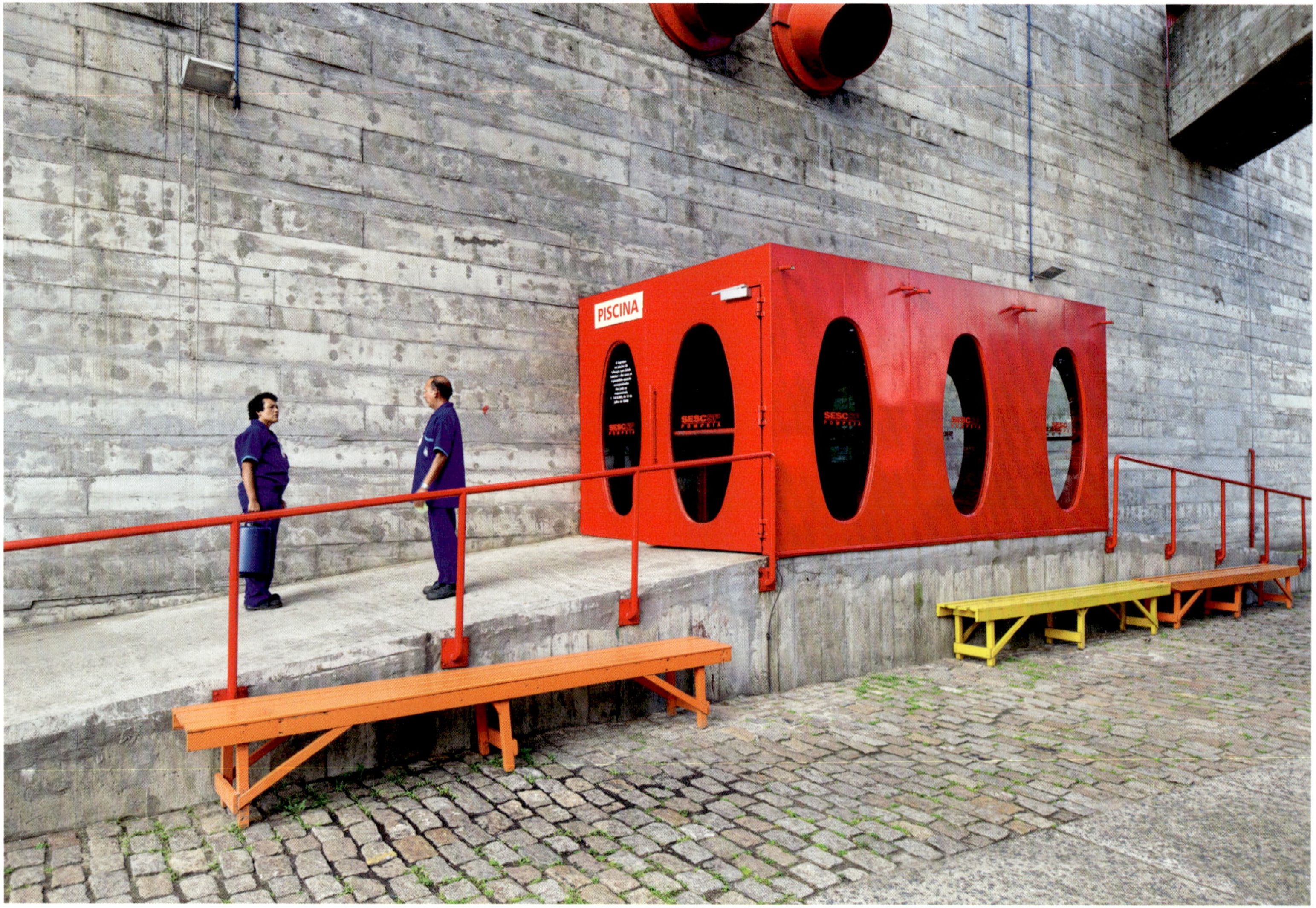
PISCINA

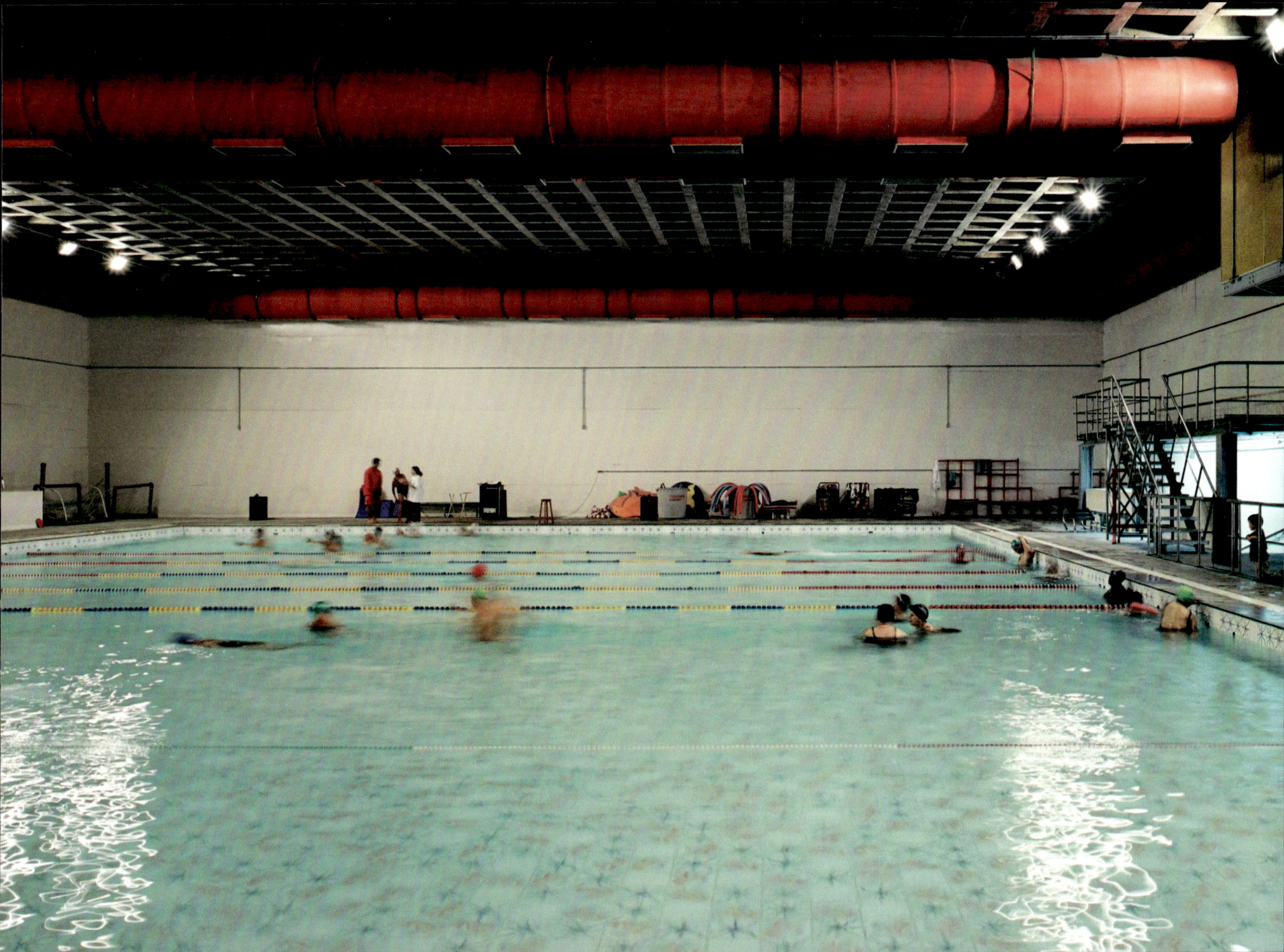

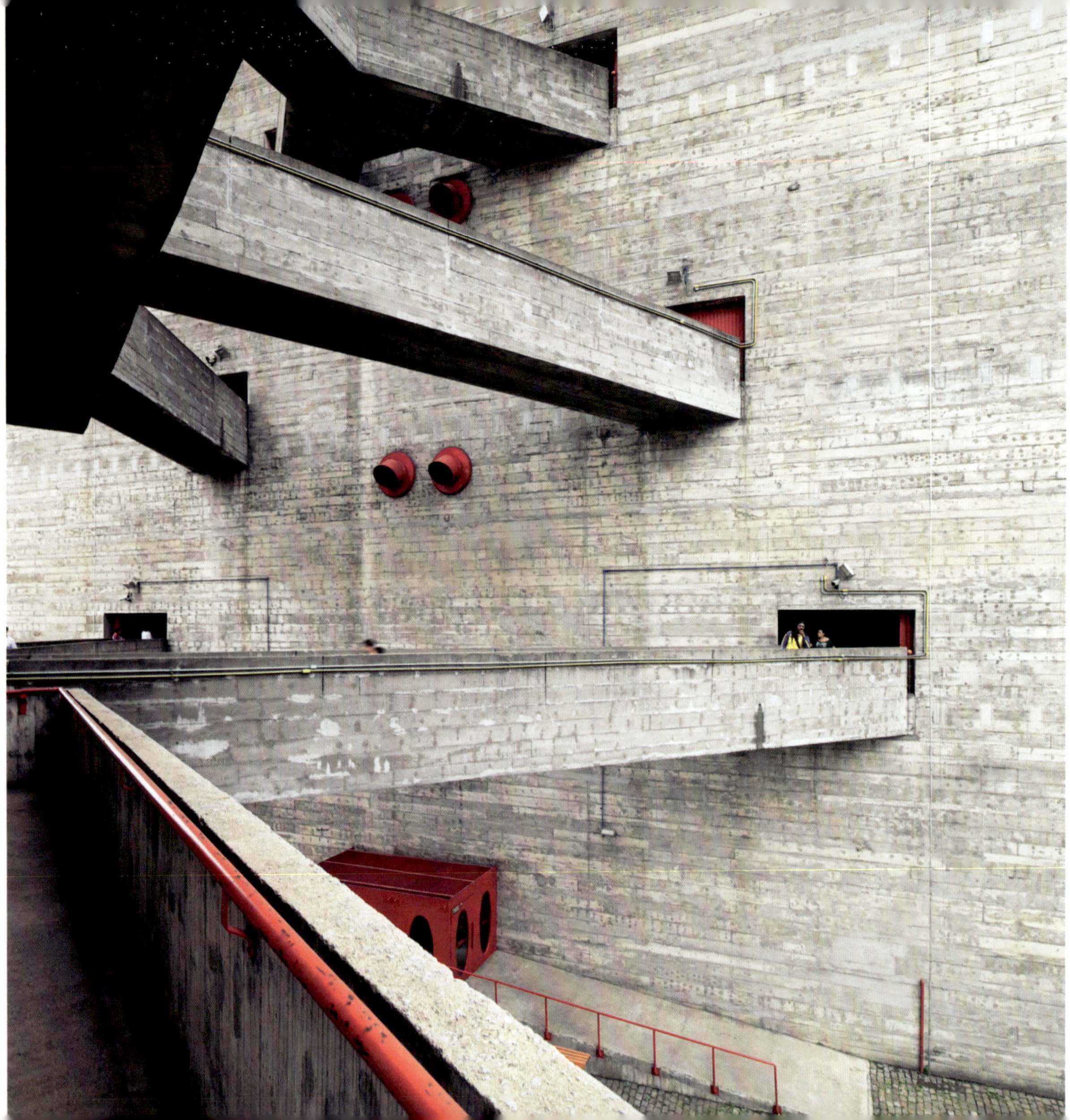

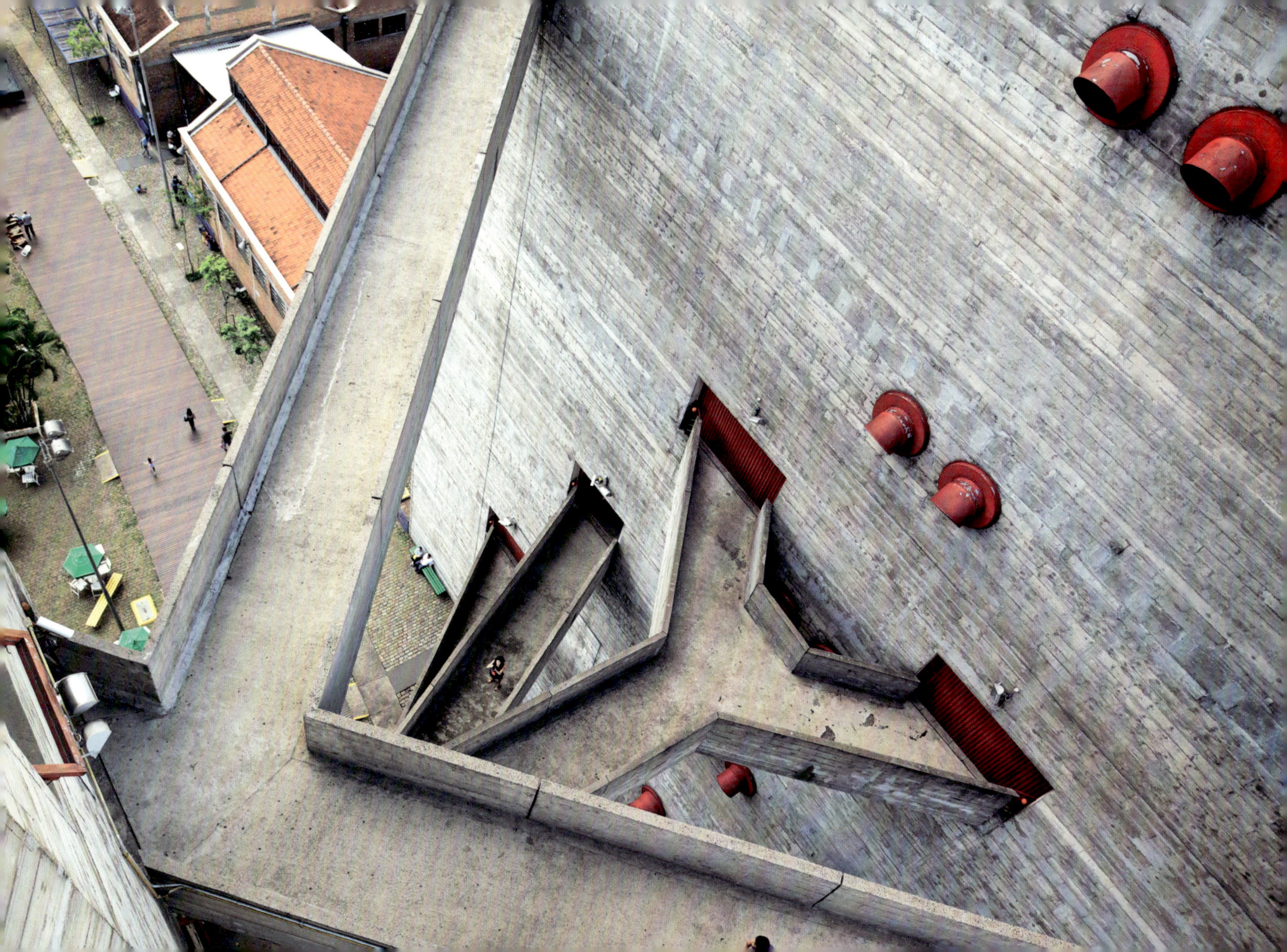

fechamento dos
Passarelos

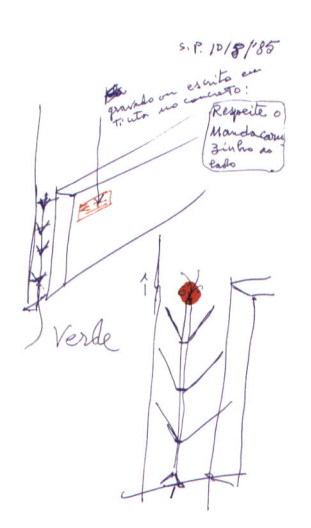

S.P. 10/8/'85

gravado ou escrito em
tinta no concreto:
Respeite o
Mandacaru-
zinho ao
lado

Verde

FLOR DE MANDACARÚ

60

QUADRA 2

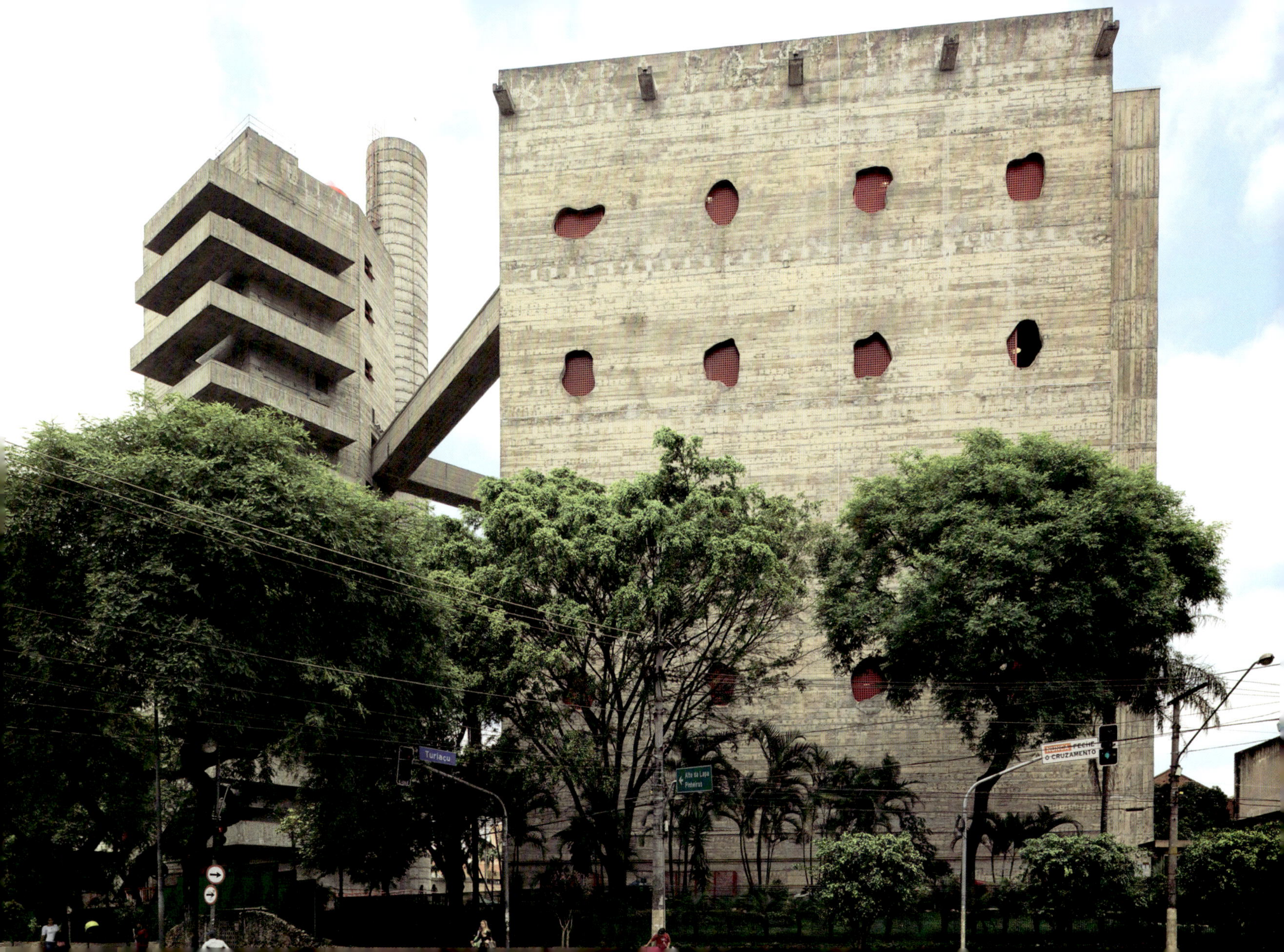
Turiaçu
FECHE
O CRUZAMENTO

Projeto gráfico, edição e tratamento de imagem
Victor Nosek

Revisão
André Albert

Versão para o inglês
Peter Muds

Revisão do inglês
Julia Spatuzzi Felmanas, André Albert

Desenhos de miolo, capa e plantas
Acervo Instituto Lina Bo e P. M. Bardi
pp. 6 a 13, 22, 24, 25, 28, 32, 33, 38, 54, verso da capa

Fotografias
Acervo Instituto Lina Bo e P. M. Bardi
p. 3 (Hans Günter Flieg/Acervo Instituto Moreira Salles)
Acervo Marcelo Carvalho Ferraz
p. 27 (Luis Octavio de Carvalho, não localizado)
Arnaldo Pappalardo
pp. 35 (acima), 46
Cristovam Silva
p. 38 (embaixo, dir., não localizado)
Iñigo Bujedo Aguirre
pp. 21 (esq.), 49 a 51, 53, 55, 56, 58, 59, 63
Marcelo Carvalho Ferraz
pp. 16, 39, 47
Nelson Kon
pp. 14, 15 (dir.), 18 (dir.), 21 (dir.), 34, 35 (embaixo), 38 (acima, dir. e embaixo, esq.), 40 (dir.), 44, 48, 52, 54, 57, 60 a 62, verso da quarta capa
Paquito
pp. 4, 5, 17, 18 (esq.), 19, 20, 23, 26, 29 (acima), 30, 36, 37, 40 (esq.), 41 a 43
Paul Clemence
p. 29 (embaixo)
Paula Saito
p. 31
Rômulo Fialdini
pp. 15 (esq.), 45

Foram realizados todos os esforços para obter a permissão dos detentores dos direitos autorais e/ou fotógrafos, e houve o cuidado de catalogar e conceder seus devidos créditos. Será uma satisfação corrigir quaisquer créditos nas tiragens futuras, caso recebamos mais informações.

Legendas
p. 27 André Vainer, Marcelo Ferraz e Lina Bo Bardi.

Dados Internacionais de Catalogação na Publicação (CIP)

B236s
Bardi, Lina Bo

Sesc Fábrica da Pompeia / Textos de Lina Bo Bardi, Marcelo Carvalho Ferraz e Cecilia Rodrigues dos Santos; Organização de Marcelo Carvalho Ferraz. – São Paulo: Edições Sesc São Paulo, 2015. –
64 p. il.: fotografias e desenhos. Bilíngue, português/inglês. – (Coleção Lina Bo Bardi)

ISBN 978-85-7995-186-2

1. Arquitetura. 2. Brasil. 3. Sesc Fábrica da Pompeia. 4. Bardi, Lina Bo. I. Título. II. Ferraz, Marcelo Carvalho. III. Vainer, André. IV. Coleção

CDD 721

Ficha elaborada por Maria Delcina Feitosa CRB/8-6187

© Edições Sesc São Paulo, 2015.
© Marcelo Carvalho Ferraz, 2015.
Todos os direitos reservados.

1ª Edição, 1999, Editorial Blau.
2ª edição revista, ampliada e com novo projeto gráfico, 2015.

3ª reimpressão, 2025.
2ª reimpressão, 2022.
1ª reimpressão, 2019.

Fonte Helvetica Neue
Papel Couché fosco 150 g/m²
Impressão Margraf
Data Maio de 2025

MISTO
Papel | Apoiando o manejo florestal responsável
FSC
www.fsc.org
FSC® C015123

Edições Sesc São Paulo
Rua Serra da Bocaina, 570 – 11º andar
03174-000 – São Paulo SP Brasil
Tel.: 55 11 2607-9400
edicoes@sescsp.org.br
sescsp.org.br/edicoes
/edicoessescsp

Esta publicação faz parte das comemorações do centenário de nascimento de Lina Bo Bardi (1914-2014).